最新法律文件解读丛书

民事法律文件解读

总第 176 辑(2019.8)

最新法律文件解读丛书编选组　编

人民法院出版社

图书在版编目(CIP)数据

民事法律文件解读．总第176辑/最新法律文件解读丛书编选组编．--北京:人民法院出版社,2019.10
(最新法律文件解读丛书)
ISBN 978-7-5109-2621-1

Ⅰ.①民… Ⅱ.①最… Ⅲ.①民法-法律解释-中国②民事诉讼法-法律解释-中国 Ⅳ.①D923.05②D925.105

中国版本图书馆CIP数据核字(2019)第193560号

民事法律文件解读·总第176辑
最新法律文件解读丛书编选组　编

责任编辑	丁丽娜
出版发行	人民法院出版社
地　　址	北京市东城区东交民巷27号　邮编　100745
电　　话	(010)67550608(责任编辑)　67550558(发行部查询) 65223677(读者服务部)
客服QQ	2092078039
网　　址	http://www.courtbook.com.cn
E-mail	courtbook@sina.com
印　　刷	三河市国英印务有限公司
经　　销	新华书店
开　　本	787毫米×1092毫米　1/16
字　　数	140千字
印　　张	8
版　　次	2019年10月第1版　　2019年10月第1次印刷
书　　号	ISBN 978-7-5109-2621-1
定　　价	22.00元

卷首语

为适应形势发展变化，保证国家法律统一正确适用，根据有关法律规定和审判实际需要，最高人民法院发布《关于废止部分司法解释（第十三批）的决定》（以下简称《决定》，法释〔2019〕11 号），废止 103 件司法解释。废止的司法解释自 2019 年 7 月 20 日《决定》施行起不再适用，但此前依据这些司法解释对有关案件作出的判决、裁定仍然有效。本辑收录了最高人民法院有关负责人就第二次司法解释全面清理工作答记者问文章，对司法解释清理的背景、贯彻的主要原则及司法解释后续清理及修订工作进行了说明与阐述。

2019 年 7 月 31 日，最高人民法院发布《关于建设一站式多元解纷机制 一站式诉讼服务中心的意见》（以下简称《意见》）。《意见》是最高人民法院立足新时代，把握新形势，围绕建设集约高效、多元解纷、便民利民、智慧精准、开放互动、交融共享的现代化诉讼服务体系，聚焦“一站式多元解纷机制、一站式诉讼服务中心”建设工作，制定的系统性、综合性、协同性的司法改革文件。《意见》以两个“一站式”建设为主线，分三个部分规定了推进工作的总体要求、工作措施和组织实施。本辑收录了发布《意见》的新闻发布稿和最高人民法院有关负责人的答记者问文章，希冀对读者理解与适用该司法改革文件有所助益。

《最新法律文件解读》丛书
编 辑 部

范春雪 (010) 67550525

姜 峤 (010) 67550573

丁丽娜 (010) 67550608

张 奎 (010) 67550673

路建华 (010) 67550660

执行编辑 丁丽娜

邮 箱 dlnlaw@163.com

目　录

[司法解释、司法指导性文件与解读]

最高人民法院

关于废止部分司法解释（第十三批）的决定

法释〔2019〕11号

（2019年5月13日最高人民法院审判委员会第1768次会议通过
2019年7月8日最高人民法院公告公布
自2019年7月20日起施行）

为适应形势发展变化，保证国家法律统一正确适用，根据有关法律规定和审判实际需要，现决定废止103件司法解释（目录附后）。废止的司法解释自本决定施行之日起不再适用，但此前依据这些司法解释对有关案件作出的判决、裁定仍然有效。

本决定自2019年7月20日起施行。

最高人民法院决定废止的部分司法解释的目录（第十三批）

序号	标题	发文日期和文号	理由
1	最高人民法院关于判决书的原本正本抄本如何区别问题的批复	1957年9月13日	社会形势发生变化，不再适用
2	最高人民法院信访处接待来访工作细则	1980年6月20日	最高人民法院信访处已取消，实际已失效
3	最高人民法院关于试行法院诉讼文书样式的通知	1992年6月20日 法发〔1992〕18号	已被《最高人民法院关于印发〈法院刑事诉讼文书样式〉（样本）的通知》《行政诉讼文书样式（试行）》《最高人民法院关于印发〈人民法院民事裁判文书制作规范〉〈民事诉讼文书样式〉的通知》代替
4	最高人民法院关于《法院诉讼文书样式（试行）》若干问题的解答	1993年4月21日 法办发〔1993〕3号	已被《最高人民法院关于印发〈法院刑事诉讼文书样式〉（样本）的通知》《行政诉讼文书样式（试行）》《最高人民法院关于印发〈人民法院民事裁判文书制作规范〉〈民事诉讼文书样式〉的通知》代替

序号	标题	发文日期和文号	理由
5	最高人民法院关于充分发挥审判职能作用，保障和促进全民所有制工业企业转换经营机制的通知	1993年8月6日 法发〔1993〕13号	社会形势发生变化，不再适用
6	最高人民法院印发《关于人民法院立案工作的暂行规定》的通知 附：最高人民法院关于人民法院立案工作的暂行规定	1997年4月21日 法发〔1997〕7号	已被《最高人民法院关于人民法院登记立案若干问题的规定》代替
7	最高人民法院关于承认和执行外国仲裁裁决收费及审查期限问题的规定	1998年11月14日 法释〔1998〕28号	民事诉讼法、《诉讼费用交纳办法》已规定
8	最高人民法院关于人民法院在互联网公布裁判文书的规定	2013年11月21日 法释〔2013〕26号	已被《最高人民法院关于人民法院在互联网公布裁判文书的规定》代替
9	最高人民法院关于人民法院大力支持税收征管工作的通知	1989年11月4日 法(行)发〔1989〕31号	与刑事诉讼法、行政诉讼法冲突
10	最高人民法院关于人民法院审理行政案件对缺乏法律和法规依据的规章的规定应如何参照问题的答复	1994年1月13日 法行复字〔1993〕第5号	依据已被《公路安全保护条例》废止，不再适用

序号	标题	发文日期和文号	理由
11	最高人民法院关于行政机关根据法院的协助执行通知书实施的行政行为是否属于人民法院行政诉讼受案范围的批复	2004年7月13日 法释〔2004〕6号	已被《最高人民法院关于适用〈中华人民共和国行政诉讼法〉的解释》代替
12	最高人民法院关于行政案件管辖若干问题的规定	2008年1月14日 法释〔2008〕1号	行政诉讼法及相关司法解释已规定
13	最高人民法院关于公路路政管理机构行政主体资格及有关法律适用问题的答复	1995年1月15日 〔1994〕行复字第4号	依据已被《公路安全保护条例》废止，不再适用
14	最高人民法院行政审判庭关于对公安机关采取监视居住行为不服提起诉讼法院应否受理问题的电话答复	1991年5月25日	刑事诉讼法已规定
15	最高人民法院关于在同一事实中对同一当事人，行政机关同时作出限制人身自由和扣押财产两种具体行政行为，当事人依法向其住所地法院起诉，受诉法院是否可以合并审理问题的答复	1993年7月9日 〔93〕行他16号	已被《最高人民法院关于适用〈中华人民共和国行政诉讼法〉的解释》代替
16	最高人民法院关于当事人达不成拆迁补偿安置协议就补偿安置争议提起民事诉讼人民法院应否受理问题的批复	2005年8月1日 法释〔2005〕9号	依据已被《国有土地上房屋征收与补偿条例》废止，不再适用

序号	标题	发文日期和文号	理由
17	最高人民法院行政审判庭关于税务行政案件起诉期限问题的电话答复	1990 年 12 月 27 日	依据已被税收征收管理法代替，不再适用
18	最高人民法院办公厅关于转发《国务院办公厅关于征收水资源费有关问题的通知》的通知 附：国务院办公厅关于征收水资源费有关问题的通知（1995 年 4 月 25 日）	1995 年 5 月 10 日 法办发〔1995〕1 号	转发的通知已被废止，不再适用
19	最高人民法院关于对行政侵权赔偿案件执行中有关问题的复函	1993 年 6 月 16 日 法函〔1993〕51 号	国家赔偿法已规定
20	最高人民法院关于对因政府调整划转企业国有资产引起的纠纷是否受理问题的批复	1996 年 4 月 2 日 法复〔1996〕4 号	社会形势发生变化，不再适用
21	最高人民法院关于公安机关不履行法定行政职责是否承担行政赔偿责任问题的批复	2001 年 7 月 17 日 法释〔2001〕23 号	已被《最高人民法院关于适用〈中华人民共和国行政诉讼法〉的解释》代替
22	最高人民法院关于印发《最高人民法院审判委员会工作规则》的通知 附：最高人民法院审判委员会工作规则	1993 年 9 月 11 日 法发〔1993〕23 号	已被《最高人民法院关于印发〈关于改革和完善人民法院审判委员会制度的实施意见〉的通知》代替
23	最高人民法院关于人民法院相互办理委托事项的规定	1993 年 9 月 25 日 法发〔1993〕26 号	已被《最高人民法院关于适用〈中华人民共和国民事诉讼法〉的解释》代替

序号	标题	发文日期和文号	理由
24	最高人民法院关于印发《中华人民共和国人民法院法庭规则》的通知 附：中华人民共和国人民法院法庭规则	1993年12月1日 法发〔1993〕40号	已被《最高人民法院关于修改〈中华人民共和国人民法院法庭规则〉的决定》修正
25	最高人民法院关于人民检察院对行政诉讼进行法律监督具体程序问题请示的答复	1991年8月19日 法（行）函〔1991〕91号	已被《最高人民法院关于适用〈中华人民共和国行政诉讼法〉的解释》代替
26	最高人民法院关于对医疗事故争议案件人民法院应否受理的复函	1989年10月10日 法（行）函〔1989〕63号	依据已被废止，不再适用
27	最高人民法院关于管制犯在管制期间又犯新罪被判处拘役或有期徒刑应如何执行的问题的批复	1981年7月27日 〔1981〕法研字第18号	刑法已作规定
28	最高人民法院研究室关于有期徒刑罪犯减刑后又改判应如何确定执行刑期问题的答复	1994年6月14日	已被《最高人民法院关于办理减刑、假释案件具体应用法律的规定》代替
29	最高人民法院研究室关于原判有期徒刑的罪犯被裁定减刑后又经再审改判为无期徒刑应如何确定执行刑期问题的答复	1995年12月25日	已被《最高人民法院关于办理减刑、假释案件具体应用法律的规定》代替

序号	标题	发文日期和文号	理由
30	最高人民法院研究室关于对拘役犯在缓刑期间发现其隐瞒余罪判处有期徒刑应如何执行问题的电话答复	1984年9月17日	刑法已作规定
31	最高人民法院研究室关于被判处拘役缓刑的罪犯在考验期内又犯新罪应如何执行问题的电话答复	1988年3月24日	与刑法冲突
32	最高人民法院关于对无期徒刑犯减刑后原审法院发现原判决确有错误予以改判，原减刑裁定应否撤销问题的批复	1989年1月3日 法（研）复〔1989〕2号	已被《最高人民法院关于办理减刑、假释案件具体应用法律的规定》代替
33	最高人民法院研究室关于有期徒刑犯减刑后又改判的原减刑裁定撤销后应如何办理减刑手续问题的电话答复	1990年4月5日	已被《最高人民法院关于办理减刑、假释案件具体应用法律的规定》代替
34	最高人民法院研究室关于原判无期徒刑的罪犯经减刑后又改判应如何处理减刑问题的电话答复	1992年1月20日	已被《最高人民法院关于办理减刑、假释案件具体应用法律的规定》代替
35	最高人民法院研究室关于死缓犯和无期徒刑犯经几次减刑后又改判原减刑裁定是否均应撤销问题的电话答复	1992年4月1日	已被《最高人民法院关于办理减刑、假释案件具体应用法律的规定》代替

序号	标题	发文日期和文号	理由
36	最高人民法院关于办理减刑、假释案件具体应用法律若干问题的规定	2012年1月17日 法释〔2012〕2号	已被《最高人民法院关于办理减刑、假释案件具体应用法律的规定》代替
37	最高人民法院关于劳动教养日期可否折抵刑期问题的批复	1981年7月6日 〔1981〕法研字第14号	劳动教养制度已废除，不再适用
38	最高人民法院研究室关于行政拘留日期折抵刑期问题的电话答复	1988年2月23日	行政处罚法已规定
39	最高人民法院研究室关于对诈骗后抵债的赃款能否判决追缴问题的电话答复	1992年8月26日	已被《最高人民法院、最高人民检察院关于办理诈骗刑事案件具体应用法律问题若干问题的解释》《最高人民法院关于刑事裁判涉财产部分执行的若干规定》代替
40	最高人民法院关于农村合作基金会从业人员犯罪如何定性问题的批复	2000年5月8日 法释〔2000〕10号	农村合作基金会已被国务院取消，不再适用
41	最高人民法院研究室关于军事法院判处的重婚案件其非法婚姻部分由谁判决问题的电话答复	1980年11月27日	婚姻法已规定
42	最高人民法院研究室关于利用职务上的便利条件窃取技术资料转让获利是否构成犯罪问题的电话答复	1992年5月19日	与刑法冲突

序号	标题	发文日期和文号	理由
43	最高人民法院研究室关于对重大责任事故和玩忽职守案件造成经济损失需追究刑事责任的数额标准应否做出规定问题的电话答复	1987年10月20日	已被《最高人民法院、最高人民检察院关于办理危害生产安全刑事案件适用法律若干问题的解释》《最高人民法院、最高人民检察院关于办理渎职刑事案件适用法律若干问题的解释（一）》代替
44	最高人民法院关于未被公安机关正式录用的人员、狱医能否构成失职致使在押人员脱逃罪主体问题的批复	2000年9月19日 法释〔2000〕28号	《全国人民代表大会常务委员会关于〈中华人民共和国刑法〉第九章渎职罪主体适用问题的解释》已规定
45	最高人民法院关于人民法院应否受理当事人不服治安管理处罚而提起的刑事自诉问题的批复	1993年9月3日 法复〔1993〕8号	已被《最高人民法院关于适用〈中华人民共和国刑事诉讼法〉的解释》代替
46	最高人民法院研究室关于铁路运输高级法院撤销以后刑事申诉案件管辖问题的电话答复	1989年1月7日	已被《最高人民法院关于适用〈中华人民共和国刑事诉讼法〉的解释》代替
47	最高人民法院关于第二审人民法院审理死刑案件被告人没有委托辩护人的是否应为其指定辩护人问题的批复	1997年11月12日 法释〔1997〕7号	已被《最高人民法院关于适用〈中华人民共和国刑事诉讼法〉的解释》代替

序号	标题	发文日期和文号	理由
48	最高人民法院研究室关于判处死刑缓期二年执行的附带民事诉讼案件制作法律文书有关问题的答复	1993年8月12日 法明传〔1993〕251号	已被《最高人民法院关于印发〈法院刑事诉讼文书样式〉（样本）的通知》代替
49	最高人民法院研究室关于刑事第二审案件如何确定审判时限问题的电话答复	1990年12月30日	与刑事诉讼法冲突
50	最高人民法院关于刑事第二审判决改变第一审判决认定的罪名后能否加重附加刑的批复	2008年6月6日 法释〔2008〕8号	已被《最高人民法院关于适用〈中华人民共和国刑事诉讼法〉的解释》代替
51	最高人民法院关于贯彻执行民事政策法律若干问题的意见	1984年8月30日	社会形势发生变化，不再适用
52	最高人民法院关于确认和处理无效经济合同适用何种法律文书问题的批复	1990年1月20日 法（经）复〔1990〕2号	社会形势发生变化，不再适用
53	最高人民法院关于对注册资金投入未达到法规规定最低限额的企业法人签订的经济合同效力如何确认问题的批复	1997年2月25日 法复〔1997〕2号	与公司法冲突
54	最高人民法院关于依据何种标准计算电话费滞纳金问题的批复	1998年12月29日 法释〔1998〕31号	依据已被废止，不再适用

序号	标题	发文日期和文号	理由
55	最高人民法院关于如何确认公民与企业之间借贷行为效力问题的批复	1999年2月9日 法释〔1999〕3号	已被《最高人民法院关于审理民间借贷案件适用法律若干问题的规定》代替
56	最高人民法院关于国家机关能否作经济合同的保证人及担保条款无效时经济合同是否有效问题的批复	1988年10月4日 法（研）复〔1988〕39号	合同法、担保法已规定
57	最高人民法院关于适用婚姻法问题的通知	1981年2月21日 〔81〕法民字第4号	社会形势发生变化，不再适用
58	最高人民法院关于对适用婚姻法问题的通知的请示的复函	1981年4月13日 〔81〕法民字第5号	社会形势发生变化，不再适用
59	最高人民法院关于债务人有多个债权人而将其全部财产抵押给其中一个债权人是否有效问题的批复	1994年3月26日 法复〔1994〕2号	与合同法、物权法冲突
60	最高人民法院关于胡拴毛诉梁宝堂索要信息费一案的复函	1990年11月19日 〔1990〕民他字第31号	依据已被废止，不再适用
61	最高人民法院关于如何确定借款合同履行地问题的批复	1993年11月17日 法复〔1993〕10号	已被《最高人民法院关于审理民间借贷案件适用法律若干问题的规定》代替

序号	标题	发文日期和文号	理由
62	最高人民法院关于企业相互借贷的合同出借方尚未取得约定利息人民法院应当如何裁决问题的解答	1996年3月25日 法复〔1996〕2号	与《最高人民法院关于审理民间借贷案件适用法律若干问题的规定》冲突
63	最高人民法院关于购销合同履行地的特殊约定问题的批复	1990年8月19日 法(经)复〔1990〕11号	依据已被废止，不再适用
64	最高人民法院关于同意指定青岛市中级人民法院为审理专利纠纷案件第一审法院问题的批复	1988年5月14日 法(经)复〔1988〕22号	已被《最高人民法院关于同意杭州市、宁波市、合肥市、福州市、济南市、青岛市中级人民法院内设专门审判机构并跨区域管辖部分知识产权案件的批复》代替
65	最高人民法院关于在经济审判工作中严格执行《中华人民共和国民事诉讼法》的若干规定	1994年12月22日 法发〔1994〕29号	已被《最高人民法院关于适用〈中华人民共和国民事诉讼法〉的解释》代替
66	最高人民法院关于民事经济审判方式改革问题的若干规定	1998年7月6日 法释〔1998〕14号	已被《最高人民法院关于适用〈中华人民共和国民事诉讼法〉的解释》代替
67	最高人民法院关于湖南省供销社等单位与省肉食水产公司房屋纠纷一案应否受理的复函	1990年3月6日 〔89〕民监字第600号	已被《最高人民法院关于适用〈中华人民共和国民事诉讼法〉的解释》代替

序号	标题	发文日期和文号	理由
68	最高人民法院关于民事诉讼当事人因证据不足撤诉后在诉讼时效内再次起诉人民法院应否受理问题的批复	1990年3月10日 法（民）复〔1990〕3号	已被《最高人民法院关于适用〈中华人民共和国民事诉讼法〉的解释》代替
69	最高人民法院关于当事人对医疗事故鉴定结论有异议又不申请重新鉴定而以要求医疗单位赔偿经济损失为由向人民法院起诉的案件应否受理问题的复函	1990年11月7日 〔1990〕民他字第44号	依据已失效，民事诉讼法已规定
70	最高人民法院关于企业经营者依企业承包经营合同要求保护其合法权益的起诉人民法院应否受理的批复	1991年8月13日 法（经）复〔1991〕4号	已被《最高人民法院关于适用〈中华人民共和国民事诉讼法〉的解释》代替
71	最高人民法院关于广东省高要县百货公司南岸批发部和高要县百货公司诉广西壮族自治区凤凰华侨农工商服务公司柳州办事处和湖南省工矿民族贸易公司购销青苎麻合同货款纠纷案与湖南省工矿民族贸易公司诉湖南省工商行政管理局行政处理决定案重复受理应如何处理的复函	1993年5月22日 法经〔1993〕85号	社会形势发生变化，不再适用

序号	标题	发文日期和文号	理由
72	最高人民法院关于受理房屋拆迁、补偿、安置等案件问题的批复	1996年7月24日 法复〔1996〕12号	行政诉讼法和《国有土地上房屋征收与补偿条例》已规定
73	最高人民法院关于人民检察院对民事调解书提出抗诉人民法院应否受理问题的批复	1999年2月9日 法释〔1999〕4号	民事诉讼法已规定
74	最高人民法院关于人民法院是否受理因邮电部门电报稽延纠纷提起诉讼问题的批复	1999年6月9日 法释〔1999〕11号	已被《最高人民法院关于人民法院登记立案若干问题的规定》代替
75	最高人民法院关于合同转让后如何确定合同签订地的批复	1986年10月30日 法（经）复〔1986〕30号	依据已失效，且已被《最高人民法院关于适用〈中华人民共和国民事诉讼法〉的解释》代替
76	最高人民法院关于中国人民解放军和武警部队向地方开放的医疗单位发生的医疗赔偿纠纷由有管辖权的人民法院受理的复函	1990年6月4日 〔1990〕民他字第15号	已被《最高人民法院关于适用〈中华人民共和国民事诉讼法〉的解释》和《最高人民法院关于军事法院管辖民事案件若干问题的规定》代替
77	最高人民法院关于合同双方当事人协议约定发生纠纷各自可向所在地人民法院起诉如何确定管辖问题的复函	1994年11月27日 法经〔1994〕307号	民事诉讼法已规定

序号	标题	发文日期和文号	理由
78	最高人民法院关于珠海市东兴房产综合开发公司与珠海经济特区侨辉房产公司、中国农村发展信托投资公司浙江办事处合作经营房地产合同纠纷案管辖问题的通知	1995年11月9日 法函〔1995〕143号	已被《最高人民法院关于适用〈中华人民共和国民事诉讼法〉的解释》代替
79	最高人民法院关于当事人在合同中协议选择管辖法院问题的复函	1995年12月7日 法函〔1995〕157号	与《最高人民法院关于适用〈中华人民共和国民事诉讼法〉的解释》冲突
80	最高人民法院关于适用法发〔1996〕28号司法解释问题的批复	1998年2月13日 法释〔1998〕3号	依据已失效，不再适用
81	最高人民法院关于对被监禁或被劳动教养的人提起的民事诉讼如何确定案件管辖问题的批复	2010年12月9日 法释〔2010〕16号	民事诉讼法已规定
82	最高人民法院关于人民法院的审判人员可否担任民事案件当事人的委托代理人的批复	1984年1月11日 〔1983〕民他字第37号	已被《关于审判人员在诉讼活动中执行回避制度若干问题的规定》代替
83	最高人民法院关于双方不服政府对山林纠纷的处理决定向人民法院起诉应将谁列为被告问题的批复	1986年11月7日 〔86〕民他字第46号	社会形势发生变化，不再适用

序号	标题	发文日期和文号	理由
84	最高人民法院关于经商检局检验出口的商品被退回应否将商检局列为经济合同质量纠纷案件当事人问题的批复	1998年6月23日 法释〔1998〕12号	社会形势发生变化，不再适用
85	最高人民法院关于计算机软件著作权纠纷中外籍当事人应否委托中国律师代理诉讼问题的答复	1995年1月2日 〔1994〕民他字第29号	已被《最高人民法院关于适用〈中华人民共和国民事诉讼法〉的解释》代替
86	最高人民法院关于未经对方当事人同意私自录制其谈话取得的资料不能作为证据使用的批复	1995年3月6日 法复〔1995〕2号	民事诉讼法已规定
87	最高人民法院关于印发《经济纠纷案件适用简易程序开庭审理的若干规定》的通知 附：经济纠纷案件适用简易程序开庭审理的若干规定	1993年11月16日 法发〔1993〕35号	已被《最高人民法院关于适用〈中华人民共和国民事诉讼法〉的解释》代替
88	最高人民法院关于印发《第一审经济纠纷案件适用普通程序开庭审理的若干规定》的通知 附：第一审经济纠纷案件适用普通程序开庭审理的若干规定	1993年11月16日 法发〔1993〕34号	已被《最高人民法院关于适用〈中华人民共和国民事诉讼法〉的解释》代替

序号	标题	发文日期和文号	理由
89	最高人民法院关于民事调解书确有错误当事人没有申请再审的案件人民法院可否再审问题的批复	1993 年 3 月 8 日〔1993〕民他字第 1 号	民事诉讼法已规定
90	最高人民法院关于民事损害赔偿案件当事人的再审申请超出原审诉讼请求人民法院是否应当再审问题的批复	2002 年 7 月 18 日法释〔2002〕19 号	已被《最高人民法院关于适用〈中华人民共和国民事诉讼法〉的解释》代替
91	最高人民法院关于人民法院对民事案件发回重审和指令再审有关问题的规定	2002 年 7 月 31 日法释〔2002〕24 号	已被《最高人民法院关于民事审判监督程序严格依法适用指令再审和发回重审若干问题的规定》代替
92	最高人民法院关于审理涉及人民调解协议的民事案件的若干规定	2002 年 9 月 16 日法释〔2002〕29 号	已被《最高人民法院关于人民调解协议司法确认程序的若干规定》代替
93	最高人民法院关于审判监督程序中，上级人民法院对下级人民法院已经发生法律效力的判决、裁定，何时裁定中止执行和中止执行的裁定由谁署名问题的批复	1985 年 7 月 9 日法（民）复〔1985〕41 号	已被《最高人民法院关于适用〈中华人民共和国民事诉讼法〉的解释》代替
94	最高人民法院关于在执行经济纠纷案件中严禁违法拘留人的通知	1992 年 8 月 29 日法发〔1992〕25 号	已被《最高人民法院关于人民法院执行工作若干问题的规定（试行）》《最高人民法院关于适用〈中华人民共和国民事诉讼法〉的解释》代替

序号	标题	发文日期和文号	理由
95	最高人民法院关于坚决纠正和制止以扣押人质方式解决经济纠纷的通知	1994年10月28日 法〔1994〕130号	已被《最高人民法院关于人民法院执行工作若干问题的规定（试行）》《最高人民法院关于适用〈中华人民共和国民事诉讼法〉的解释》代替
96	最高人民法院关于在审理经济合同纠纷案件中发现一方当事人利用签订经济合同进行诈骗的，人民法院可否直接追缴被骗钱物问题的复函	1994年3月26日 法函〔1994〕16号	已被《关于办理诈骗刑事案件具体应用法律问题若干问题的解释》《最高人民法院关于刑事裁判涉财产部分执行的若干规定》代替
97	最高人民法院关于人民法院依法有权查询、冻结和扣划邮政储蓄存款问题的批复	1996年2月29日 法复〔1996〕1号	依据已被修改，已被《最高人民法院关于适用〈中华人民共和国民事诉讼法〉的解释》代替
98	最高人民法院关于必须严格控制对被执行人采取拘捕措施的通知	1996年10月9日 法〔1996〕96号	已被《最高人民法院关于人民法院执行工作若干问题的规定（试行）》《最高人民法院关于适用〈中华人民共和国民事诉讼法〉的解释》《最高人民法院关于审理拒不执行判决、裁定刑事案件适用法律若干问题的解释》代替

序号	标题	发文日期和文号	理由
99	最高人民法院关于当事人对具有强制执行效力的公证债权文书的内容有争议提起诉讼人民法院是否受理问题的批复	2008 年 12 月 22 日 法释〔2008〕17 号	已被《最高人民法院关于公证债权文书执行若干问题的规定》代替
100	最高人民法院关于中、日两国之间委托送达法律文书使用送达回证问题的通知	1982 年 10 月 12 日 〔82〕法研字第 11 号	中国和日本均已经加入海牙送达公约，不再适用
101	最高人民法院关于中国留学生在留学期间如何在人民法院进行离婚诉讼问题的函	1989 年 6 月 3 日 法民〔89〕13 号	民事诉讼法和婚姻法已规定
102	最高人民法院关于当事人对按自动撤回上诉处理的裁定不服申请再审人民法院应如何处理问题的批复	2002 年 7 月 19 日 法释〔2002〕20 号	与《最高人民法院关于适用〈中华人民共和国民事诉讼法〉的解释》冲突
103	最高人民法院关于人民法院裁定撤销仲裁裁决或驳回当事人申请后当事人能否上诉问题的批复	1997 年 4 月 23 日 法复〔1997〕5 号	已被《最高人民法院关于适用〈中华人民共和国民事诉讼法〉的解释》代替

最高人民法院相关负责人就第二次司法解释全面清理工作答记者问

问：我们知道这是最高人民法院第二次对司法解释进行全面清理。请问司法解释全面清理的具体程序是怎样的？

答： 此次司法解释全面清理工作是最高人民法院继2011年司法解释集中清理工作后的又一次全面集中清理工作。2018年，周强院长主持召开审判委员会第1744次会议审议时强调，“要积极推进司法解释清理工作，由研究室牵头，各部门负责，对不符合社会主义核心价值观、不符合改革开放新形势和新发展理念的司法解释，要主动清理、及时修改；在新的法律或司法解释出台后，要对之前的司法解释及时清理，该废则废，当改则改，并做好编纂工作。”根据我院司法解释工作规定，司法解释制定、修改、废止的程序都有明确规范的程序，要经过立项、征求意见以及审判委员会讨论等程序。此次司法解释清理工作，我们根据审委会要求，成立了研究室牵头，各审判业务部门参加的司法解释清理工作小组。清理小组由相关院领导总负责，研究室主任姜启波同志负责统筹协调。2018年7月，各审判业务部门根据“谁制定，谁清理”原则，按分工分别提出清理意见。2019年4月，按照工作方案，三次组织召开由相关业务部门负责人和主审法官参加的座谈会，对拟废止司法解释进行了逐一甄别讨论。根据会议讨论意见，形成了拟废止、修改以及保留的司法解释目录。对所有司法解释的清理意见经过最高人民法院审判委员会讨论通过后形成司法解释废止目录正式对外公布。

问：此次司法解释清理工作是如何贯彻平等保护民营企业这一重要理念的？

答： 加强产权司法保护，依法平等保护民营企业和企业家合法权益是当前和今后一段时期人民法院的重要工作任务。深化落实依法全面平等保护的司法理念，首先就要完善法律适用规则体系，甄别清理对民营经济保护不平等的规范，及时进行修改或者废止。在2019年5月31日召开的民营企业家座谈会上，周强院长着重强调，对司法解释进行全面清理，对涉及民营企业的不平等规定一律予以废止。

在此次全面清理工作中，我们坚决贯彻平等保护的理念，对司法解释进行逐一甄别研究。经过严格把关，我们发现，最高人民法院制定的司法解释是严格依照法律作出的解释，绝大多数符合依法平等保护市场各类主体的原则，符合保护民营经济的基本要求。通过认真梳理，反复研究，我们也发现极个别司法解释条文由于受当时法律或政策影响，存在不完善的情形。

通过清理，我们废止了《关于在执行经济纠纷案件中严禁违法拘留人的通知》《坚决纠正和制止以扣押人质方式解决经济纠纷的通知》。这两个《通知》在当时具有积极作用，纠正了当时不严格依照民事诉讼法规定拘留被执行人的问题，但此后最高人民法院又颁布更为严格的禁止在民事诉讼中限制人身自由的司法解释，对拘留规定了更为严格的适用情形和程序，如《最高人民法院关于人民法院执行工作若干问题的规定（试行）》《最高人民法院关于适用〈中华人民共和国民事诉讼法〉的解释》，依法对民事诉讼债务人的人身自由提供更加严格的保护，所以废止了上述两件司法解释。

再如，废止《最高人民法院关于对注册资金投入未达到法规规定最低限额的企业法人签订的经济合同效力如何确认问题的批复》。因为认缴资本制公司法已有规定，这个司法解释与现行公司法规定不一致，废止这一批复有利于消除和减少民营企业发展的政策阻碍，提升其投资和创业的积极性。

还有，2001年为配合深化金融改革的战略决策制定了《最高人民法院关于审理涉及金融资产管理公司收购、管理、处置国有银行不良贷款形成的资产的案件适用法律若干问题的规定》，其中有关诉讼保全的担保、公告等内容有其特殊的历史背景，为了确立市场化、法治化的不良资产处置程序，平等保护民营企业的合法权益，我们决定对这个司法解释进行修订。

问：下一步，最高人民法院对司法解释清理和修订工作有什么计划安排？

答：此次清理提出废止的司法解释多以批复、个案答复为主，“解释”“规定”类司法解释整体废止的比较少。有些体系性的司法解释存在部分需要废止、部分仍须保留的问题，今后还有必要对这些司法解释进行修订。

司法解释规范化是一个动态过程，司法解释清理工作也不能毕其功于一役。今后，最高人民法院将进一步健全稳定的司法解释清理工作机制：一是常态清理机制。新的司法解释出台后，要及时对以前的司法解释进行清理，特别是对一些常用的、基本的司法解释，该废则废，当改则改，要做到清理及时到位。二是定期清理机制。为防止司法解释与新颁布的法律以及司法解释之间适用过程中出现不统一甚至冲突的问题，今后最高人民法院将会建立对现行有效司法解释进行定期清理的工作机制。随着民法典各分编的颁布施行，我们将对标民法典条文内容，及时对民事类司法解释进行全面清理。

最高人民法院
印发《关于为设立科创板并试点注册制改革提供司法保障的若干意见》的通知

2019年6月20日　　法发〔2019〕17号

各省、自治区、直辖市高级人民法院，解放军军事法院，新疆维吾尔自治区高级人民法院生产建设兵团分院：

现将《最高人民法院关于为设立科创板并试点注册制改革提供司法保障的若干意见》印发给你们，请认真贯彻执行。

最高人民法院
关于为设立科创板并试点注册制改革提供司法保障的若干意见

在上海证券交易所（以下简称上交所）设立科创板并试点注册制，是中央实施创新驱动发展战略、推进高质量发展的重要举措，是深化资本市场改革的重要安排。为充分发挥人民法院审判职能作用，共同促进发行、上市、信息披露、交易、退市等资本市场基础制度改革统筹推进，维护公开、公平、公正的资本市场秩序，保护投资者合法权益，现就注册制改革试点期间人民法院正确审理与科创板相关案件等问题，提出如下意见。

一、提高认识，增强为设立科创板并试点注册制改革提供司法保障的自觉性和主动性

1. 充分认识设立科创板并试点注册制的重要意义。习近平总书记在首届中国国际进口博览会开幕式上宣布在上海证券交易所设立科创板并试点注册制，充分体现了以习近平同志为核心的党中央对资本市场改革发展的高度重视和殷切希望。中央经济工作会议提出，资本市场在金融运行中具有牵一发而动全身的作用，要通过深化改革，打造一个规范、透明、开放、有活力、有韧性的资本市场。从设立科创板入手，稳步试点股票发行注册制，既是深化金融供给侧结构性改革、完善资本市场基础制度的重要体现，也有利于更好发挥资本市场对提升关键技术创新和实体经济竞争力的支持功能，更好地服务高质量发展。各级人民法院要坚持以习近平新时代中国特色社会主义思想为指导，认真落实习近平总书记关于资本市场的一系列重要指示批示精神，妥善应对涉科创板纠纷中的新情况、新问题，把保护投资者合法权益、防范化解金融风险作为证券审判的根本性任务，为加快形成融资功能完备、基础制度扎实、市场监管有效、投资者合法权益得到有效保护的多层级资本市场体系营造良好司法环境。

2. 准确把握科创板定位和注册制试点安排。科创板是资本市场的增量改革，也是资本市场基础制度改革创新的“试验田”。科创板主要服务于符合国家战略、突破关键核心技术、市场认可度高的科技创新企业，发行上市条件更加包容，不要求企业上市前必须盈利，允许“同股不同权”企业和符合创新试点规定的红筹企业上市，实行更加市场化的发行承销、交易、并购重组、退市等制度。根据全国人大常委会授权，股票发行注册制改革过程中调整适用《中华人民共和国证券法》关于股票公开发行核准制度的有关规定。本次注册制试点总体分为上交所审核和证监会注册两个环节，证监会对上交所的审核工作进行监督，建立健全以信息披露为中心的股票发行上市制度。各级人民法院要坚持稳中求进工作总基调，立足证券刑事、民事和行政审判实际，找准工作

切入点，通过依法审判进一步落实中央改革部署和政策要求，推动形成市场参与各方依法履职、归位尽责及合法权益得到有效保护的良好市场生态，为投资者放心投资，科创公司大胆创新提供有力司法保障。

二、尊重资本市场发展规律，依法保障以市场机制为主导的股票发行制度改革顺利推进

3. 支持证券交易所审慎开展股票发行上市审核。根据改革安排，上交所主要通过向发行人提出审核问询、发行人回答问题方式开展审核工作。在案件审理中，发行人及其保荐人、证券服务机构在发行上市申请文件和回答问题环节所披露的信息存在虚假记载、误导性陈述或者重大遗漏的，应当判令承担虚假陈述法律责任；虚假陈述构成骗取发行审核注册的，应当判令承担欺诈发行法律责任。为保障发行制度改革顺利推进，在科创板首次公开发行股票并上市企业的证券发行纠纷、证券承销合同纠纷、证券上市保荐合同纠纷、证券上市合同纠纷和证券欺诈责任纠纷等第一审民商事案件，由上海金融法院试点集中管辖。

4. 保障证券交易所依法实施自律监管。由于科创板上市门槛具有包容性和科创公司技术迭代快、盈利周期长等特点，客观上需要加强事中事后监管。对于证券交易所经法定程序制定的科创板发行、上市、持续监管等业务规则，只要不具有违反法律法规强制性规定情形，人民法院在审理案件时可以依法参照适用。为统一裁判标准，根据《最高人民法院关于上海金融法院案件管辖的规定》（法释〔2018〕14 号）第三条的规定，以上海证券交易所为被告或者第三人与其履行职责相关的第一审金融民商事案件和行政案件，仍由上海金融法院管辖。

5. 确保以信息披露为中心的股票发行民事责任制度安排落到实处。民事责任的追究是促使信息披露义务人尽责归位的重要一环，也是法律能否“长出牙齿”的关键。在证券商事审判中，要按照本次改革要求，严格落实发行人及其相关人员的第一责任。发行人的控股股东、实际控制人指使发行人从事欺诈发行、虚假陈述的，依法判令控股股东、实际控制人直接向投资者承担民事赔偿责任。要严格落实证券服务机构保护投资者利益的核查把关责任，证券服务机构对会计、法律等各自专业相关的业务事项未履行特别注意义务，对其他业务事项未履行普通注意义务的，应当判令其承担相应法律责任。准确把握

保荐人对发行人上市申请文件等信息披露资料进行全面核查验证的注意义务标准，在证券服务机构履行特别注意义务的基础上，保荐人仍应对发行人的经营情况和风险进行客观中立的实质验证，否则不能满足免责的举证标准。对于不存在违法违规行为而单纯经营失败的上市公司，严格落实证券法投资风险"买者自负"原则，引导投资者提高风险识别能力和理性投资意识。

6. 尊重科创板上市公司构建与科技创新特点相适应的公司治理结构。科创板上市公司在上市前进行差异化表决权安排的，人民法院要根据全国人大常委会对进行股票发行注册制改革的授权和公司法第一百三十一条的规定，依法认定有关股东大会决议的效力。科创板上市公司为维持创业团队及核心人员稳定而扩大股权激励对象范围的，只要不违反法律、行政法规的强制性规定，应当依法认定其效力，保护激励对象的合法权益。

7. 加强对科创板上市公司知识产权司法保护力度。依法审理涉科创板上市公司专利权、技术合同等知识产权案件，对于涉及科技创新的知识产权侵权行为，加大赔偿力度，充分体现科技成果的市场价值，对情节严重的恶意侵权行为，要依法判令其承担惩罚性赔偿责任。进一步发挥知识产权司法监督职能，积极探索在专利民事侵权诉讼中建立效力抗辩审理制度，促进知识产权行政纠纷的实质性解决，有效维护科创板上市公司知识产权合法权益。

三、维护公开公平公正市场秩序，依法提高资本市场违法违规成本

8. 严厉打击干扰注册制改革的证券犯罪和金融腐败犯罪，维护证券市场秩序。依法从严惩治申请发行、注册等环节易产生的各类欺诈和腐败犯罪。对于发行人与中介机构合谋串通骗取发行注册，以及发行审核、注册工作人员以权谋私、收受贿赂或者接受利益输送的，依法从严追究刑事责任。压实保荐人对发行人信息的核查、验证义务，保荐人明知或者应当明知发行人虚构或者隐瞒重要信息、骗取发行注册的，依法追究刑事责任。依法从严惩治违规披露、不披露重要信息、内幕交易、利用未公开信息交易、操纵证券市场等金融犯罪分子，严格控制缓刑适用，依法加大罚金刑等经济制裁力度。对恶意骗取国家科技扶持资金或者政府纾困资金的企业和个人，依法追究刑事责任。加强与证券行政监管部门刑事信息共享机制建设，在证券案件审理中发现涉嫌有关犯罪线索的，应当及时向侦查部门反映并移送相关材料。推动完善证券刑事立法，及时制定出台相关司法解释，为促进市场健康发展提供法律保障。

9. 依法受理和审理证券欺诈责任纠纷案件，强化违法违规主体的民事赔偿责任。根据注册制试点安排，股票发行上市审核由过去监管部门对发行人资格条件进行实质判断转向以信息披露为中心，主要由投资者自行判断证券价值。在审理涉科创板上市公司虚假陈述案件时，应当审查的信息披露文件不仅包括招股说明书、年度报告、临时报告等常规信息披露文件，也包括信息披露义务人对审核问询的每一项答复和公开承诺；不仅要审查信息披露的真实性、准确性、完整性、及时性和公平性，还要结合科创板上市公司高度专业性、技术性特点，重点关注披露的内容是否简明易懂，是否便于一般投资者阅读和理解。发行人的高级管理人员和核心员工通过专项资产管理计划参与发行配售的，人民法院应当推定其对发行人虚假陈述行为实际知情，对该资产管理计划的管理人或者受益人提出的赔偿损失诉讼请求，不予支持。加强对内幕交易和操纵市场民事赔偿案件的调研和指导，积极探索违法违规主体对投资者承担民事赔偿责任的构成要件和赔偿范围。加大对涉科创板行政处罚案件和民事赔偿案件的司法执行力度，使违法违规主体及时付出违法违规代价。

10. 依法审理公司纠纷案件，增强投资者对科创板的投资信心。积极调研特别表决权在科创板上市公司中可能存在的“少数人控制”“内部人控制”等公司治理问题，对于以公司自治方式突破科创板上市规则侵犯普通股东合法权利的，人民法院应当依法否定行为效力，禁止特别表决权股东滥用权利，防止制度功能的异化。案件审理中，要准确界定特别表决权股东权利边界，坚持“控制与责任相一致”原则，在“同股不同权”的同时，做到“同股不同责”。正确审理公司关联交易损害责任纠纷案件，对于通过关联交易损害公司利益的公司控股股东、实际控制人等责任主体，即使履行了法定公司决议程序也应承担民事赔偿责任；关联交易合同存在无效或者可撤销情形，符合条件的股东通过股东代表诉讼向关联交易合同相对方主张权利的，应当依法予以支持。

11. 依法界定证券公司投资者适当性管理民事责任，落实科创板投资者适当性要求。投资者适当性管理义务的制度设计，是为了防止投资者购买与自身风险承受能力不相匹配的金融产品而遭受损失。科技创新企业盈利能力具有不确定性、退市条件更为严格等特点，决定了科创板本身有一定风险。对于证券公司是否充分履行投资者适当管理义务的司法审查标准，核心是证券公司在为投资者提供科创板股票经纪服务前，是否按照一般人能够理解的客观标准和投资者能够理解的主观标准向投资者履行了告知说明义务。对于因未履行投资者适当性审查、信息披露及风险揭示义务给投资者造成的损失，人民法院应当判令证券公司承担赔偿责任。

12. 依法审理股票配资合同纠纷，明确股票违规信用交易的民事责任。股票信用交易作为证券市场的重要交易方式和证券经营机构的重要业务，依法属于国家特许经营的金融业务。对于未取得特许经营许可的互联网配资平台、民间配资公司等法人机构与投资者签订的股票配资合同，应当认定合同无效。对于配资公司或交易软件运营商利用交易软件实施的变相经纪业务，亦应认定合同无效。

四、有效保护投资者合法权益，建立健全与注册制改革相适应的证券民事诉讼制度

13. 推动完善符合我国国情的证券民事诉讼体制机制，降低投资者诉讼成本。根据立法进程和改革精神，全力配合和完善符合我国国情的证券民事诉讼体制、机制。立足于用好、用足现行代表人诉讼制度，对于共同诉讼的投资者原告人数众多的，可以由当事人推选代表人，国务院证券监督管理机构设立的证券投资者保护机构以自己的名义提起诉讼，或者接受投资者的委托指派工作人员或委托诉讼代理人参与案件审理活动的，人民法院可以指定该机构或者其代理的当事人作为代表人。支持依法成立的证券投资者保护机构开展为投资者提供专门法律服务等证券支持诉讼工作。按照共同的法律问题或者共同的事实问题等标准划分适格原告群体，并在此基础上分类推进诉讼公告、权利登记和代表人推选。代表人应当经所代表原告的特别授权，具有变更或者放弃诉讼请求等诉讼权利，对代表人与被告签订的和解或者调解协议，人民法院应当依法进行审查，以保护被代表投资者的合法权益。推动建立投资者保护机构辅助参与生效判决执行的机制，借鉴先行赔付的做法，法院将执行款项交由投资者保护机构提存，再由投资者保护机构通过证券交易结算系统向胜诉投资者进行二次分配。积极配合相关部门和有关方面，探索行政罚款、刑事罚金优先用于民事赔偿的工作衔接和配合机制。研究探索建立证券民事、行政公益诉讼制度。

14. 加强配套程序设计，提高投资者举证能力。证券侵权案件中，投资者在取得和控制关键证据方面往往处于弱势地位。探索建立律师民事诉讼调查令制度，便利投资者代理律师行使相关调查权，提高投资者自行收集证据的能力。研究探索适当强化有关知情单位和个人对投资者获取证据的协助义务，对

拒不履行协助取证义务的单位和个人要依法予以民事制裁。

15. 大力开展证券审判机制创新，依托信息化手段提高证券司法能力。推动建立开放、动态、透明的证券侵权案件专家陪审制度，从证券监管机构、证券市场经营主体、研究机构等单位遴选专家陪审员，参与证券侵权案件审理。要充分发挥专家证人在案件审理中的作用，探索专家证人的资格认定和管理办法。研究开发建设全国法院证券审判工作信息平台，通过信息化手段实现证券案件网上无纸化立案，实现群体性诉讼立案便利化，依托信息平台完善群体诉讼统一登记机制，解决适格原告权利登记、代表人推选等问题。着力解决案件审理与证券交易数据的对接问题，为损失赔偿数额计算提供支持，提高办案效率。

16. 全面推动证券期货纠纷多元化解工作，推广证券示范判决机制。坚持把非诉讼纠纷解决机制挺在前面，落实《关于全面推进证券期货纠纷多元化解机制建设的意见》，依靠市场各方力量，充分调动市场专业资源化解矛盾纠纷，推动建立发行人与投资者之间的纠纷化解和赔偿救济机制。对虚假陈述、内幕交易、操纵市场等违法行为引发的民事赔偿群体性纠纷，需要人民法院通过司法判决宣示法律规则、统一法律适用的，受诉人民法院可选取在事实认定、法律适用上具有代表性的案件作为示范案件，先行审理并及时作出判决，引导其他当事人通过证券期货纠纷多元化解机制解决纠纷，加大对涉科创板矛盾纠纷特别是群体性案件的化解力度。

17. 加强专业金融审判机构建设，提升证券审判队伍专业化水平。根据金融机构分布和金融案件数量情况，在金融案件相对集中的地区探索设立金融法庭，对证券侵权案件实行集中管辖。其他金融案件较多的人民法院，可以设立专业化的金融审判合议庭。积极适应金融供给侧结构性改革和金融风险防控对人民法院工作的新要求，在认真总结审判经验的基础上，加强对涉科创板案件的分析研判和专业知识储备，有针对性地开展证券审判专题培训，进一步充实各级人民法院的审判力量，努力建设一支政治素质高、业务能力强的过硬证券审判队伍。

关于发布《最高人民法院关于为设立科创板并试点注册制改革提供司法保障的若干意见》的新闻发布稿

最高人民法院审委会专职委员　刘贵祥

（2019 年 6 月 21 日）

各位记者朋友、同志们：

大家下午好！感谢各位出席今天的新闻发布会，也特别感谢大家一直以来对人民法院证券审判工作的关注和支持。证券审判是人民法院审判工作的重要组成部分，也是人民法院服务深化金融供给侧结构性改革、保障资本市场持续健康发展的重要抓手。在上海证券交易所（以下简称上交所）设立科创板并试点注册制，是中央实施创新驱动发展战略、推进高质量发展的重要举措，也是深化资本市场改革的重要安排。6 月 13 日，科创板正式开板。为充分发挥人民法院审判职能作用，认真贯彻落实中央关于设立科创板并试点注册制的重大决策部署，最高人民法院研究制定了《最高人民法院关于为设立科创板并试点注册制改革提供司法保障的若干意见》（以下简称《意见》），并于今日正式发布实施。下面，我向大家简要介绍一下《意见》起草和出台的有关情况。

一、关于《意见》的起草背景和指导思想

中央经济工作会议提出，资本市场在金融运行中具有牵一发而动全身的作用，要通过深化改革，打造一个规范、透明、开放、有活力、有韧性的资本市场。2018 年 11 月 5 日，习近平总书记在首届中国国际进口博览会开幕式上宣布在上海证券交易所设立科创板并试点注册制，充分体现了以习近平同志为核

心的党中央对资本市场改革发展的高度重视和殷切希望。2019 年 1 月 23 日，习近平总书记主持召开中央全面深化改革委员会第六次会议，审议通过了《在上海证券交易所设立科创板并试点注册制总体实施方案》和《关于在上海证券交易所设立科创板并试点注册制的实施意见》。2019 年 1 月 28 日，最高人民法院党组会议决定，要围绕在上交所设立科创板并试点注册制的重大改革任务，深入调研司法服务需求和可能涉及的法律问题。通过充分调研，并在广泛征求证监会等相关部门意见的基础上，正式出台《意见》。

《意见》是最高人民法院历史上首次为资本市场基础性制度改革安排而专门制定的系统性、综合性司法文件。《意见》坚持以习近平新时代中国特色社会主义思想为指导，认真落实习近平总书记关于资本市场的一系列重要指示批示精神，立足司法审判职能作用，从落实资本市场法治化改革方向、妥善应对涉科创板纠纷中的新情况、新问题的角度，通过依法审判和执行，把保护投资者合法权益、防范化解金融风险作为证券审判的根本性任务，为加快形成融资功能完备、基础制度扎实、市场监管有效、投资者合法权益得到有效保护的多层级资本市场体系营造良好司法环境。

二、关于《意见》的主要内容

《意见》根据人民法院刑事审判、民事审判和执行工作实际，从增强为本次改革提供司法保障的自觉性和主动性、依法保障以市场机制为主导的股票发行制度改革顺利推进、依法提高资本市场违法违规成本、建立健全与注册制改革相适应的证券民事诉讼制度等方面提出了 17 条举措。重点有以下三个方面的内容。

一是针对本次改革创新举措提出了配套司法保障意见。本次改革由全国人大常委会决定授权在股票发行注册制改革期间调整适用《中华人民共和国证券法》，将股票发行上市由原来的证监会核准改为上交所审核和证监会注册。为保障发行制度改革顺利推进，《意见》第 3 条明确了发行人在交易所发行审核环节的欺诈民事责任，明确发行人回答问题环节的陈述也是信息披露文件的组成部分。《意见》第 4 条提出，对于证券交易所经法定程序制定的科创板发行上市和持续监管等业务规则，只要不具有违反法律法规强制性规定情形，人民法院在审理案件时可以依法参照适用；为统一裁判标准，积累和总结审判经验，将科创板上市企业的证券发行纠纷、证券上市合同纠纷、证券欺诈责任纠纷等一审民商事案件，由上海金融法院试点集中管辖。根据《最高人民法院关于上海金融法院案件管辖的规定》（法释〔2018〕14 号）第三条的规定，以上海证券交易所为被告或者第三人与其履行职责相关的第一审金融民商事案件和行政案件，仍由上海金融法院集中管辖。民事责任追究是促使信息披露义务人尽责归位的重要一环，《意见》第 5 条从落实以信息披露为核心的股票发行制度改革的角度，对发行人、保荐人、证券中介机构的信息披露民事责任认定进行了体系化规定；根据全国人大常委会对进行股票发行注册制改革的授权和公司法第一百三十一条的规定，《意见》第 6 条从审判的角度，认可科创板上市公司在上市前经股东大会特别决议作出的差异化表决权安排，尊重科创板上市公司构建与科技创新特点相适应的公司治理结构，在司法层面首次肯定了“同股不同权”的公司治理安排。

二是针对可能发生的违法违规行为提出了依法提高资本市场违法违规成本的司法落实措施。在刑事审判方面，《意见》第 8 条对各级法院严厉打击干扰注册制改革的证券犯罪和金融腐败犯罪提出了明确要求，发行人与中介机构合谋串通骗取发行注册，以及发行审核、注册工作人员以权谋私、收受贿赂或者接受利益输送的，要依法从严追究刑事责任；对于证券金融犯罪分子，提出要严格控制缓刑适用，依法加大罚金刑等经济制裁力度。《意见》还提出，对于恶意骗取国家科技扶持资金或者政府纾困资金的企业和个人，要依法追究刑事责任。

在民商事审判方面，《意见》第 9 条重点围绕科创板信息披露特点和新设的发行人内部人参加新股配售等制度，对审理科创板证券欺诈民事案件进行了规定，提出在科创板上市公司虚假陈述纠纷案件的审理中，人民法院不仅要审查信息披露的真实性、准确性、完整性、及时性和公平性，还要结合科创板上市公司高度专业性、技术性特点，重点关注披露的内容是否简明易懂，是否便于一般投资者阅读和理解，在此基础上判断是否存在误导投资者的可能性；为落实科创板信息披露要求，对于发行人的高级管理人员和核心员工通过专项资产管理计划参与发行配售持有上市公司股份的，推定其对发行人虚假陈述行为实际知情，对其相关虚假陈述民事赔偿主张，依法不予支持。《意见》第 10 条对“同股不同权”纠纷、不当关联交易等公司类案件提出了处理原则；《意见》第 11 条、12 条分别对诱使风险承受能力与科创板交易不匹配的投资者入市交易和股票配资案件的审理进行了规定；为保护科技创新成果，《意见》第 7 条还对侵犯科创公司知识产权的案件审理提出了指导意见。

三是按照改革精神对完善与注册制改革相适应的证券民事诉讼制度提出了

司法改革举措。科学的证券民事诉讼程序是保障民事赔偿责任落地的关键环节。探索完善与注册制相适应的证券民事诉讼法律制度，也是本次改革的重要配套措施。《意见》第四部分把提高投资者的诉讼能力和人民法院的司法能力两个方面作为基本进路，对人民法院推动完善符合我国国情的证券民事诉讼体制机制提出了要求。结合近年来我院调研成果和各地法院成功经验，《意见》第13条、第14条、第15条、第16条分别在完善现有证券代表人诉讼制度、加强证券民事诉讼配套程序、依托信息化手段提高司法能力、推广证券示范判决机制等方面提出了具体司法改革举措，以降低投资者诉讼成本，有效保护投资者合法权益。

三、关于《意见》的贯彻落实

根据我国现有法律制度，投资者因证券违法行为所遭受的损失，主要依靠提起民事诉讼获得赔偿。作为资本市场法治建设的重要参与者和践行者，我们也深切感受到，证券审判在保护投资者根本利益、维护公开、公平、公正市场秩序方面发挥着越来越重要作用。各级人民法院要坚持改革创新，推进证券审判工作不断取得新发展。

一要尊重市场规律，创新证券民事诉讼体制机制。建立起一套能够便利投资者诉讼、方便投资者维权的诉讼程序，是落实证券民事责任制度的关键。我们要立足我国国情和资本市场规律，用足用好现行法律规定，解决证券民事诉讼中投资者举证难和人民法院查证事实难、认证难等问题。证券审判要充分借鉴知识产权等专业审判领域的改革经验，引入专家证人、专家陪审员等更多专业力量参与案件审理，提升审判专业化水平。提高人民法院审判质量和效率，借力中立专业第三方就证券侵权损失数额予以专业鉴定。我们还要重视通过信息化手段提高司法能力，研究开发建设全国法院证券审判工作信息平台，减轻受诉法院的办案压力。

二要加强政策引导，坚持把非诉讼纠纷解决机制挺在前面。自2016年我院与证监会联合建立证券期货纠纷多元化解机制以来，经过几年的共同努力，证券期货纠纷多元化解工作取得了显著的成绩。各级法院要继续全面落实最高人民法院与证监会联合印发的《关于全面推进证券期货纠纷多元化解机制建设的意见》，紧密依靠市场各方力量，充分调动市场专业资源化解矛盾纠纷，推动建立发行人与投资者之间的纠纷化解和赔偿救济机制。大力推广证券示范判决机制，通过证券示范判决所确立的事实认定和法律适用标准，引导其他当事人通过证券期货纠纷多元化解机制解决纠纷，加大对涉科创板矛盾纠纷特别是群体性案件的柔性化解力度。

三要优化资源配置，加强证券审判队伍专业化建设。我们将继续加大对全国法院证券审判骨干的培训工作，积极探索与证券监管部门联合开展业务培训，通过聘请证券监管部门、证券期货专家进行授课等方式，不断提升培训效果。要进一步加强与证券监管部门的人员、业务交流，通过联合调研、研讨等形式，拓展业务交流的广度和深度，努力建设一支政治素质过硬、专业水平优良的证券审判队伍。

各位记者朋友，目前我国证券市场有1.5亿多投资者，证券市场与人民生活的联系越来越紧密。依法保护好投资者合法权益，维护资本市场公开、公平、公正的良好秩序，既是人民法院的神圣职责，也是证券审判工作坚持以人民为中心理念的必然要求。在此，我诚挚希望各位继续关心、支持和监督证券审判工作，积极建言献策，共同为建设一个诚信法治、高效有序的资本市场作出新的更大的贡献！

最高人民法院有关负责人就《关于为设立科创板并试点注册制改革提供司法保障的若干意见》答记者问

为充分发挥人民法院审判职能作用，认真贯彻落实中央关于设立科创板并试点注册制的重大决策部署，最高人民法院于2019年6月21日正式发布并实施《最高人民法院关于为设立科创板并试点注册制改革提供司法保障的若干意见》（以下简称《意见》）。最高人民法院有关负责人就相关工作及《意见》内容回答了记者的提问。

问：请简要介绍一下人民法院近年来在证券审判方面主要做了哪些工作？

答：习近平总书记多次指出，要加快形成融资功能完备、基础制度扎实、市场监管有效、投资者权益得到充分保障的股票市场。从国外成熟资本市场的经验看，证券行政监管与证券司法审判是保障证券市场健康发展、维护投资者合法权益的两大主要力量。在我国二十多年的资本市场法治化进程中，人民法院切实履行证券审判工作职责，通过制定司法解释和个案审判，在保护投资者合法权益、防控金融风险，促进资本市场改革发展方面做了一系列工作。

在司法解释和司法政策制定方面，最高人民法院先后制定了《关于审理证券市场因虚假陈述引发的民事赔偿案件的若干规定》《关于审理期货纠纷若干问题的规定》等40余部司法解释和规范性文件，在统一证券期货案件法律适用标准的同时，也有力推进了我国资本市场法治化进程；在案件审理方面，各级法院不仅依法成功化解了全国三十余家证券公司风险处置系列案、国债回购纠纷系列案等一批可能引发系统性、区域性金融风险的大要案，也依法审理了绿大地虚假陈述、光大证券“乌龙指”内幕交易、徐翔操纵市场案等一系列在全国具有重大影响的证券民事侵权和刑事犯罪案件。既依法严惩了证券违法犯罪行为，支持投资者合法赔偿主张，也有效维护了上市公司、证券经营机构等市场主体正当经营的合法权利。

在审判机构建设方面，在党中央坚强领导下，上海金融法院于2018年正式成立，得到了国内外有关方面的普遍好评；许多地方法院还根据案件情况，成立了专门的金融审判庭或者金融合议庭，审判机构的专业化带动了人民法院证券审判水平明显提升。我们相信，通过各级人民法院和市场各方的共同努力，证券审判工作一定可以为我国资本市场繁荣稳定、经济社会健康发展作出新的更大贡献。

问：请问《意见》对于提高科创板市场违法违规成本方面有哪些具体安排？

答：法治是资本市场繁荣稳定的根基，维护公开公平公正市场秩序，是人民法院证券审判的重要职责。《意见》作为人民法院服务和保障中央关于设立科创板并试点注册制重大决策部署的司法文件，在提高市场主体违法违规成本方面，《意见》主要从两方面安排。

一是着力构建多维度的打击证券犯罪机制。在刑事责任追究方面，《意见》第8条不仅就严厉打击各类干扰注册制改革的证券犯罪和金融腐败犯罪提出了原则要求，还就加强法院与证券行政监管部门、侦查部门协同配合作了安排。《意见》第 8 条提出人民法院要加强与证券行政监管部门刑事信息共享机制建设，旨在加强在证券违法行为的行政稽查、处罚和案件审判方面的合作沟通，落实对证券犯罪打早、打小、打疼工作要求。该条还要求人民法院审判部门，对于在证券案件审理过程中发现的有关涉嫌证券犯罪线索，应当及时向侦查部门反映并移送相关材料，目的是在打击证券违法犯罪工作上形成合力。

二是用足现有法律制度，强化违法违规市场主体的民事赔偿责任。为落实以信息披露为核心的股票发行制度改革要求，《意见》第 5 条、第 9 条根据科创板信息披露特点，对发行人、保荐人、证券中介机构等信息披露义务人从事欺诈发行、虚假陈述等信息披露违法行为依法应承担的民事赔偿责任，进行了系统规定；为及时使违法违规市场主体付出法律代价，《意见》第 9 条还要求各级法院加大对证券行政处罚案件和民事赔偿案件的执行力度，发挥好司法强制执行的震慑效应。针对特别表决权在科创板上市公司中可能存在的“少数人控制”“内部人控制”等公司治理问题，《意见》第 10 条提出了禁止特别表决权股东滥用权利的司法政策，在尊重“同股不同权”的同时，在公司案件审判中对股东义务分配要做到“同股不同责”。《意见》第 12 条为配合监管部门防止资金违规入市助涨助跌，明确提出了对于未取得特许经营许可的互联网配资平台、民间配资公司等法人机构与投资者签订的股票配资合同，人民法院应当认定合同无效。

问：投资者保护关系老百姓的投资信心和投资安全，能否介绍一下《意见》在保护科创板投资者合法权益方面有哪些司法措施？

答：投资者保护是证券法治建设的根本。《意见》专门从以下几个方面对加强投资者合法权益司法保护工作进行了规定。

一是明确了证券公司诱使不适格投资者入市交易的民事责任。投资者适当性管理义务的制度设计，是为了防止投资者购买与自身风险承受能力不相匹配的金融产品而遭受损失。为此，科创板、创业板等都设有投资门槛。对于证券公司在为投资者提供科创板开户服务时，降低投资门槛诱使不适格投资者入市交易的，《意见》第 11 条规定，对于证券公司因未履行投资者适当性审查、信息披露及风险揭示义务给投资者造成的损失，人民法院应当判令证券公司承担赔偿责任。

二是为降低投资者诉讼成本提出了完善证券民事诉讼的司法改革举措。根据立法进程和改革精神，全力配合和完善符合我国国情的证券民事诉讼体制、机制。为克服证券侵权案件中原告众多、分散、维权能力不足的问题，《意见》第13条引导投资者用足、用好现行代表人诉讼制度，鼓励国务院证券监督管理机构设立的证券投资者保护机构代表投资者提起诉讼并代为参加案件审理活动，支持证券投资者保护机构开展为投资者提供专门法律服务等证券支持诉讼工作。我们大力推进信息化建设，实现证券案件网上无纸化立案，实现群体性诉讼立案便利化，依托信息平台完善群体诉讼统一登记机制，解决适格原告权利登记、代表人推选等问题。为便利胜诉投资者及时拿到赔偿款，推动建立投资者保护机构辅助参与生效判决执行的机制。积极配合相关部门和有关方面，探索行政罚款、刑事罚金优先用于证券民事赔偿的工作衔接和配合机制。

三是对提高投资者举证能力进行了配套司法程序安排。在证券民事诉讼中，相对于违法违规主体，投资者在取得和控制关键证据方面往往处于弱势地位。为此，《意见》第14条要求各级法院探索建立律师民事诉讼调查令制度，便利投资者的代理律师行使相关调查权，提高投资者自行收集证据的能力。研究探索适当强化有关知情单位和个人对投资者获取证据的协助义务，对拒不履行协助取证义务的单位和个人要依法予以民事制裁。

在这里需要特别说明的是，以上保护投资者合法权益的司法举措，不仅仅适用于科创板投资者，对证券市场主板、中小板、创业板等其他投资者维权案件，也一体适用，以全面加强投资者合法权益的司法保护工作。

最高人民法院
关于建设一站式多元解纷机制 一站式诉讼服务中心的意见

2019年7月31日　　法发〔2019〕19号

为深化司法体制综合配套改革，全面建设现代化诉讼服务体系，进一步增强人民法院解决纠纷和服务群众的能力水平，现就建设一站式多元解纷机制、一站式诉讼服务中心，提出如下意见。

一、总体要求

1. 坚持以习近平新时代中国特色社会主义思想为指导，深入贯彻落实习近平总书记全面依法治国新理念新思想新战略，坚持党对人民法院工作的绝对领导，坚持司法为民、公正司法，全面建设集约高效、多元解纷、便民利民、智慧精准、开放互动、交融共享的现代化诉讼服务体系，推动纠纷解决和诉讼服务理念更新、机制变革，实现一站式多元解纷、一站式诉讼服务，努力让人民群众在每一个司法案件中感受到公平正义。

2. 坚持以人民为中心。加大司法便民利民惠民工作力度，为人民群众提供丰富快捷的纠纷解决渠道和一站式高品质的诉讼服务，全方位提升人民群众的获得感、幸福感、安全感。

3. 坚持法治保障。在法治轨道上统筹各方面资源力量参与社会治理活动，化解矛盾纠纷，强化司法对多元化纠纷解决机制的保障作用，促进全社会形成办事依法、遇事找法、解决问题用法、化解矛盾靠法的良好法治环境。

4. 坚持问题导向和需求导向。聚焦突出矛盾问题，满足多元司法需求，推动形成分层递进、繁简结合、衔接配套的一站式多元解纷机制，加快建设立体化集约化信息化的一站式诉讼服务中心，增强多元解纷和诉讼服务的精准性、协同性、实效性。

5. 坚持改革创新。落实党中央关于司法体制综合配套改革的决策部署，加强联动融合，重塑诉讼格局，提升程序效能，形成符合中国国情、体现司法规律、引领时代潮流的中国特色纠纷解决和诉讼服务新模式。

6. 到2020年底，全国法院一站式多元解纷机制基本健全，一站式诉讼服务中心全面建成。普遍开通网上立案功能，全面推行跨域立案服务。中级、基层人民法院建立由多数法官办理少数疑难复杂案件，少数法官解决多数简单案件的工作格局。

二、工作措施

7. 主动融入党委和政府领导的诉源治理机制建设。切实发挥人民法院在诉源治理中的参与、推动、规范和保障作用，推动工作向纠纷源头防控延伸。主动做好与党委政府创建“无讼”乡村社区、一体化矛盾纠纷解决中心、行政争议调解中心工作对接，支持将诉源治理纳入地方平安建设考评体系。加强对非诉讼方式解决纠纷的支持、指导和规范。强化人民法庭就地预防化解矛盾纠纷功能，主动融入基层解纷网络建设，做好与基层党组织、政法单位、自治组织的对接。普遍建立诉讼服务站、法官联络点，加强巡回服务、上门服务，为辖区内基层自治组织解决纠纷提供培训指导，从源头上减少矛盾纠纷。强化司法大数据对矛盾风险态势发展的评估和预测预警作用，提前防控化解重大矛盾风险。

8. 完善诉前多元解纷联动衔接机制。联合有关部门出台推进多元解纷文件，加强与调解、仲裁、公证、行政复议的程序衔接，健全完善行政裁决救济程序衔接机制。畅通与工会、共青团、妇联、法学会、行政机关、仲裁机构、公证机构、行业协会、行业组织、商会等对接渠道，加强数据协同共享，指派专人开展联络工作。促进建立调解前置机制，发挥人民调解、行政调解、律师调解、行业调解、专业调解、商会调解等诉前解纷作用。加强调解协议司法确认工作，进一步完善司法确认程序，探索建立司法确认联络员机制，推动司法确认全面对接人民调解等线上平台，实现人民调解司法确认的快立快办。

9. 建设类型化专业化调解平台。根据地区纠纷类型和特点，在诉讼服务中心按需建立婚姻家庭、道路交通、物业纠纷、劳动争议、医疗纠纷、银行保险、证券期货、知识产权、涉侨涉外等专业化调解工作室。支持工商联和商会组织调解涉企纠纷。鼓励建立以调解员、法官个人命名的调解工作室。推广建立律师调解工作室。健全特邀调解员和特邀调解组织名册，加强对调解人员培训、指导和管理。

10. 完善诉调一体对接机制。促进诉调对接实质化。建立由法官、法官助理、书记员及调解员组成的调解速裁团队，及时做好调解指导，强化诉调统筹衔接，做到能调则调，当判则判。对起诉到法院的纠纷，释明各类解纷方式优势特点，提供智能化风险评估服务，宣传诉讼费减免政策，按照自愿、合法原则，引导鼓励当事人选择非诉讼方式解决纠纷。对能够通过行政裁决解决的，引导当事人依法通过行政裁决解决；对适宜调解且当事人同意的，开展立案前先行调解。调解成功、需要出具法律文书的，由调解速裁团队法官依法办理；调解不成的，调解员应当固定无争议事实，协助做好送达地址确认等工作。明确诉前调解时限，规范调解不成后的立案和繁简分流程序。建立诉前调解案件管理系统，做到逐案登记、全程留痕、动态管理，并将诉前调解工作量纳入考核统计范围。

11. 完善“分调裁审”机制。普遍开展一审案件繁简分流工作，探索二审案件的繁简分流。设立程序分流员负责调裁分流和繁简分流。完善民商事、行政案件繁简分流标准，根据案由、诉讼主体、诉讼请求、法律关系、诉讼程序等要素，确定简案范围。普遍应用系统算法加人工识别，实现精准分流。在诉讼服务中心配备速裁法官或团队，综合运用督促程序、司法确认程序、小额诉讼程序、简易程序、普通程序等，从简从快审理简单案件。建立简案速裁快审配套机制。推进诉讼程序简捷化，实行类案集中办理，建立示范诉讼模式，制作类案文书模板，全面运用智能语音、网上审理等方式，提升审理效率。建立健全程序转换机制，指定专门团队承接简转繁案件办理工作，畅通案件流转渠道。

12. 推动建设应用在线调解平台。全面开展在线调解工作，加快各地法院审判流程管理系统或者自建调解平台与最高人民法院在线调解平台对接，实现本地区解纷资源全部汇聚在网上，做到调解数据网上流转，为当事人提供在线咨询评估、调解、确认、分流、速裁快审等一站式解纷服务。

13. 健全立体化诉讼服务渠道。打造“厅网线巡”为一体的诉讼服务中心，通过诉讼服务大厅、诉讼服务网、移动终端、12368 诉讼服务热线、巡回办理等多种渠道，为当事人提供一站通办、一网通办、一号通办、一次通办的诉讼服务。

14. 加强诉讼服务规范化、标准化建设。以“一次办好”为目标，全面梳理服务项目清单，逐项制定标准化工作规程和一次性办理服务指南，并向社会公开，规范服务流程，提升服务质量，明确权责关系，以标准化促进诉讼服务普惠化、便捷化，推动实现同一诉讼服务事项的无差别受理、同标准办理。

15. 拓展全方位诉讼服务功能。为当事人提供诉讼指引类、便民服务类、诉讼辅助类、纠纷解决类、提高效率类、审判事务类等诉讼服务。设立诉讼引导和辅导区，配备引导员，张贴诉讼事项办理流程图或服务指南二维码，提供类案诉状模板。为检察官、律师、人民调解员、公证员、司法鉴定人员、志愿者等开辟专门通道，设立当事人休息等候区以及检察官、律师办公休息场所，为残疾人士设立无障碍通道和无障碍设施。建设面向社会的普法宣传教育阵地，打造文化诉讼服务中心。

16. 深化案件“当场立、自助立、网上立、就近立”改革。严格落实立案登记制改革要求，对符合受理条件的起诉原则上当场立案。建立立案材料公示清单，按照案由分别公示立案需要的全部材料，推动“一次办结”。普遍推行自助立案服务，安排专人辅导，建立快速办理通道，减少当事人排队等候时间。全面实行网上立案，做到凡是能网上立案的案件，应上尽上。对当事人选择网上立案的，除确有必要现场提交材料外，一律网上办理。对当事人选择现场提交立案申请的，不得强制网上立案。普遍推行跨域立案服务，设立专门服务窗口，建立就近受理申请、管辖权属不变、数据网上流转的联动办理机制，实现就近能立、多点可立、少跑快立。

17. 完善集约化诉讼服务机制。推动将扫描装订、卷宗流转等辅助性、事务性工作集中到诉讼服务中心，实行集约管理。建立集约送达机制，全面应用人民法院统一送达平台。配备专门送达团队，负责预约送达、直接送达、留置送达、邮寄送达、委托送达、转交送达、代收送达、公告送达等送达实施事务。创新保全、委托鉴定集约服务模式。设立保全、委托鉴定统一服务窗口，完善业务标准，推动开展网上保全，优化保全联动机制。加强与司法鉴定管理部门工作衔接，做好与鉴定机构信息系统对接，实现对鉴定工作全程监督。

18. 加强涉诉信访工作。畅通信访渠道，规范网上申诉办理程序，完善四级法院联动视频接访机制，推动实质性解决信访诉求。建立健全党委领导下多部门会商机制，发挥律师等社会第三方参与化解和代理申诉作用，加强数据共享和业务协同，形成信访化解合力。深化涉诉信访信息系统应用，实现与执行申诉信访系统互联互通，对来访来信数据逐件逐次录入、统一管理、全程留痕。

19. 完善内外联动的诉讼服务协作机制。打通人民法院诉讼服务中心与公安检察机关、行政机关、人民团体、行业协会、企业组织、居（村）委会之间的信息渠道，拓展公证参与人民法院司法辅助事务，在送达、调解、鉴定、执行等方面形成工作合力。建立各地法院之间的诉讼服务协作机制，在提交申请、材料收转、文书送达等方面共享信息资源，不断扩大跨域诉讼服务范围。

20. 完善社会化服务机制。将能够由社会第三方辅助完成以及能够外包的服务性工作全部剥离出来，通过购买服务，由社会化专业化团队开展。进一步规范购买社会服务的种类、性质和内容。完善社会力量参与诉讼服务机制，引入专家学者、律师、心理学家、公证员、鉴定员、志愿者等第三方，为人民群众提供多元服务。加强与高校对接，为在校学生参与司法实践活动提供广阔平台。

21. 推动智慧诉讼服务建设。打造依托大数据、云计算、人工智能、物联网等信息技术，贯通大厅、热线、网络、移动端，通办诉讼全程业务的“智慧诉讼服务”新模式。扩展网上服务功能，全面应用中国移动微法院，打通当事人身份认证通道，提供网上引导、立案、交退费、查询、咨询、阅卷、保全、庭审、申诉等一站式服务。加强律师服务平台建设，提供网上立案、查询、阅卷、材料提交、联系法官、证据交换、调解、开庭、代理申诉、申请执行等服务。在诉讼服务大厅配备便民服务一体机等智能化设备。完善12368诉讼服务热线智能问答系统。推动“厅网线巡”服务平台一体化建设，实现信息资源的互联互通、自动关联，为人民群众提供标准一致、数据同源的诉讼服务。深度挖掘立案、调解、速裁、信访等信息资源，开展全数据分析，科学研判各类矛盾纠纷发展态势和审判执行质效情况，为国家治理、社会治理和党委政府决策提供参考。加强诉讼服务网络信息安全防护体系建设，实现内外网信息可靠交换与安全共享。

22. 加大诉讼服务指导中心信息平台建设应用力度。强化诉讼服务指导中心信息平台大数据集成功能。聚焦多元解纷、登记立案、“分调裁审”、审判辅助、涉诉信访五项内容，围绕建机制、定规则、搭平台、推应用四个环节，实现四级法院诉讼服务信息资源自动化汇聚和大数据管理。整合分散、独立的诉讼服务应用系统，统一接入信息平台。做好与审判、执行、信访等系统对接，加强与调解组织、仲裁机构等互联互通，实现案件信息、调解员信息等数据共享。加快推动高级人民法院建立本地区信息平台。建立质效评估体系，实现对各地法院诉讼服务的可视化展示和可量化评估。

三、组织实施

23. 坚持党的领导。在党委及其政法委的领导下，加强与政府等有关部门沟通协调，解决在机构、人员方面的困难，形成稳定的财政投入机制，为购买社会化服务提供经费保障。积极推动相关立法，提供有力制度支持。

24. 加强组织保障。落实一把手负责制。成立本地区工作领导小组，做好重大事项统筹协调工作。加大对诉讼服务场所升级、信息化建设的经费保障力度。明确立案庭（诉讼服务中心）作为诉讼服务事项管理机构的职能定位，实现归口管理。建立各相关部门主动支持、协同配合的工作格局。根据审级、岗位特点建立分类考核制度，将案件办理、立案信访、管理协调及其他事务性工作纳入考核范围。

25. 加强人才队伍保障。配备必要的员额法官和充足的法官助理，开展立案、调解、速裁快审等工作。充实司法辅助人员和聘用制人员，开展诉讼引导、咨询查询、材料收转等辅助性、事务性工作。配备一定数量的司法警察、警务辅助人员和安保人员，负责安全保卫等工作。全面加强司法能力建设，开展类型化培训，提升专业水平。

26. 抓好目标落实。各地法院要根据本意见的目标任务，加快制定本地区落实细则，明确完成时间表、路线图和责任链。上级人民法院要通过运用信息平台大数据管理功能，开展督导检查、满意度调查等，强化对下检查指导。对落实到位、积极作为的，通报表扬。对工作落后、消极懈怠、进展缓慢的，督促整改。

27. 加大宣传推广。通过报纸杂志、电视网站、微博微信、新闻客户端等各类媒体，全面宣传多元解纷和诉讼服务的典型经验和做法，及时回应社会关切，自觉接受社会监督，广泛凝聚社会共识，营造良好氛围。

关于发布《最高人民法院关于建设一站式多元解纷机制　一站式诉讼服务中心的意见》的新闻发布稿

最高人民法院立案庭庭长　钱晓晨

（2019 年 8 月 1 日）

各位记者朋友们：

大家下午好！为深入贯彻落实习近平总书记关于司法为民工作重要指示精神，努力让人民群众在每一个司法案件中感受到公平正义，我院在认真研究、深入调研、广征意见基础上，制定了《最高人民法院关于建设一站式多元解纷机制 一站式诉讼服务中心的意见》（以下简称《意见》），于今天发布实施。下面，我向大家简要介绍一下《意见》出台的有关情况。

一、出台《意见》的背景和意义

《意见》是最高人民法院立足新时代，把握新形势，围绕建设现代化诉讼服务体系目标，聚焦"一站式多元解纷机制、一站式诉讼服务中心"建设工作，制定的系统性、综合性、协同性的司法改革文件。

出台《意见》是深入学习贯彻习近平总书记重要指示精神，坚定落实中央改革部署要求的具体体现。党的十八大以来，习近平总书记提出了一系列政法领域全面深化改革的新理念新思想新战略，对司法为民作出一系列重要指示。特别是今年年初中央政法工作会议上，习近平总书记提出的关于"深化诉讼制度改革，完善政法公共服务体系，加快推进跨域立案诉讼服务改革"等重要论述，为人民法院深化司法体制综合配套改革指明了方向，是做好新时代司法为民工作的根本遵循和行动指南。出台《意见》是坚持以习近平新时代中国特色社会主义思想为指导，围绕多元化纠纷解决机制、诉讼制度、诉讼服务体系、跨域立案服务等司法改革要求提出的具体落实举措。

出台《意见》是贯彻落实以人民为中心的发展思想，努力让人民群众在每一个司法案件中感受到公平正义的具体体现。司法为民是最高宗旨，维护权益是最大正义。《意见》将"坚持以人民为中心"作为一项基本原则，将"便民利民"作为总体建设要求，将满足群众不断增长的司法需求作为推进方向，将"一站式多元解纷、一站式诉讼服务"作为工作目标，全面建设现代化诉讼服务体系，切实增强人民群众的获得感、幸福感、安全感。

出台《意见》是总结基层实践经验，为世界司法文明贡献中国智慧的具体体现。诉讼服务是司法文明的窗口。2014 年以来，各级法院按照最高人民法院部署要求，将"最好的场所、最便捷的服务"提供给人民群众，推动诉讼服务从最初服务窗口到"三位一体"诉讼服务中心，再到当前集立案、服务、裁判于一体的现代化诉讼服务体系，实现了革命性、跨越式、深层次发展。95% 的法院建成诉讼服务大厅，83% 的法院开通诉讼服务网，78% 的法院开通 12368 诉讼服务热线，75% 的法院建立诉调对接平台，为人民群众提供优质高效快捷精准的诉讼服务，形成了独树一帜的司法为民中国经验。《意见》

在总结地方实践经验，把握时代脉搏基础上，创造性地提出两个“一站式”建设目标，旨在打造中国特色纠纷解决和诉讼服务新模式，为世界提供多元解纷的中国方案，为人类司法文明贡献中国智慧。

二、《意见》总体框架及亮点举措

《意见》围绕建设集约高效、多元解纷、便民利民、智慧精准、开放互动、交融共享的现代化诉讼服务体系，以两个“一站式”建设为主线，分三个部分规定了推进工作的总体要求、工作措施和组织实施。其中，第二部分为《意见》核心内容，提出16条工作措施。

第7条至第12条重点围绕建设一站式多元解纷机制，从两个维度四个层次提出工作要求。两个维度分别是“走出去”和“引进来”。“走出去”强调主动发挥人民法院职能作用，向前延伸触角，为非诉讼方式解决纠纷提供司法保障。“引进来”是为了满足当前群众更愿意在法院解决纠纷的实际需求，在诉讼服务中心建立类型多样的调解平台，引入各类调解人员，配备速裁法官或团队，按照自愿、合法原则，为当事人提供多途径、多层次、多种类的解纷方案和方便、快捷、低成本的解纷服务。四个层次是从源头到诉前再到诉讼前后端的分层递进、繁简结合、衔接配套的多元解纷体系。具体为：一是参与、推动、规范和保障党委政府领导下的诉源治理，从源头上预防纠纷；二是健全诉非程序衔接机制，畅通联络对接渠道，为诉前多元解纷提供司法保障；三是完善诉调一体对接机制，实行法官、法官助理和调解员一个团队一体办理，强化诉调统筹衔接，促进诉调对接实质化，做到能调则调，当判则判；四是完善“分调裁审”机制，加强繁简分流，推进诉讼程序简捷化，从简从快审理简单案件，精细化审理疑难复杂案件，做到简案快审，繁案精审。此外，《意见》还强调推动建设应用在线调解平台，为当事人提供线上一站式解纷服务。

第13条至第22条对一站式诉讼服务中心作了规定，具体可以概括为“三化”“四立”“一平台”。“三化”是诉讼服务立体化集约化信息化。健全立体化诉讼服务渠道，通过大厅、网络、电话、巡回“厅网线巡”为一体的诉讼服务中心，为当事人提供一站通办、一网通办、一号通办、一次通办的诉讼服务。完善集约化诉讼服务机制，将全部对外服务工作、影响诉讼进程和审判效率的辅助性、事务性工作以及多元解纷工作集约在诉讼服务中心，方便当事人“一次办好”各类诉讼事务。发挥信息化效能，将现代科技与司法为民相结合，打造“智慧诉讼服务”新模式，推动导诉、立案、交退费、保全、庭审等全部诉讼事务网上办、掌上办，努力实现当事人诉讼“零跑腿”。“四立”是案件“当场立、自助立、网上立、就近立”相结合的便民立案模式。《意见》除了要求对符合受理条件的起诉原则上当场立案外，还对网上立案和跨域立案服务两项重点工作提出明确要求。强调对当事人选择网上立案的，除确有必要现场提交材料外，一律网上立案；普遍推行跨域立案服务，实现就近能立、多点可立、少跑快立。“一平台”是诉讼服务指导中心信息平台。这是推动两个“一站式”建设的重要抓手，也是今年最高人民法院的一项重点亮点工作，通过建立质效评估体系，实现对全国法院诉讼服务工作的大数据管理。上级法院可以自动监测、全程监管和评估分析下级法院诉讼服务工作，一旦发现推进不力、工作不规范的情形，即时督促整改。

各位记者朋友，司法为民永无止境。我们将不忘初心、牢记使命，坚持以人民为中心的发展理念，不断推动诉讼服务工作实现新发展，努力让人民群众在每一个司法案件中感受到公平正义，努力创造出更高水平的中国特色社会主义司法文明。谢谢大家!

着力打造中国特色纠纷解决和诉讼服务新模式

——《最高人民法院关于建设一站式多元解纷机制一站式诉讼服务中心的意见》答记者问

为将“最好的场所、最便捷的服务”提供给人民群众，打造中国特色纠纷解决和诉讼服务新模式，最高人民法院于8月1日召开新闻发布会，公布《最高人民法院关于建设一站式多元解纷机制 一站式诉讼服务中心的意见》。最高人民法院立案庭、北京市高级人民法院、江苏省高级人民法院、浙江省高级人民法院负责人就相关问题回答了记者的提问。

问：目前全国法院都在开展多元化解纠纷，《意见》也提出建设一站式多元解纷机制。但有说法表示这是法院将纠纷“拒之门外”，对此如何看待？如何理解多元解纷和保障公民诉讼权利之间的关系？

答：完善调解、仲裁、行政裁决、行政复议、诉讼等有机衔接、相互协调的多元化纠纷解决机制是党的十八届四中全会作出的一项重要改革部署。2015年，中办、国办下发的《关于完善矛盾纠纷多元化解机制的意见》明确指出，人民法院要发挥司法在矛盾纠纷多元化解机制中的引领、推动和保障作用。可以说，建设一站式多元解纷机制，是人民法院坚定落实中央改革部署要求的具体举措。

人民法院建设一站式多元解纷机制，是为了给当事人解决纠纷提供更多选择，绝不是将纠纷案件“拒之门外”。大家知道，老百姓有了纠纷，普遍想通过最方便、最快捷、低成本的方式解决。他们选择诉讼方式，多数是因为对其他解纷渠道了解不多，更愿意在法院解决纠纷。当前，法院建设一站式多元解纷机制，不仅为老百姓选择仲裁、行政裁决等其他解纷方式提供司法保障，还通过在诉讼服务中心搭建各类调解工作室，引入专业调解人员，让他们能够根据案件情况选择最适宜的解纷方式，能调则调，当判则判，让正义不仅以看得见的方式实现，还尽快得到实现。为了加强管理，我们要求建立诉前调解案件管理系统，对当事人同意诉前调解的，逐案登记、全程留痕、全程管理。为了让调解和诉讼无缝对接，我们通过完善诉调对接机制，推行“分调裁审”改革。对调解成功的，直接由诉讼服务中心调解速裁团队进行司法确认或者出具调解书；对当事人不同意调解或者调解不成的，严格落实立案登记制要求，依法登记立案，开展繁简分流，对简单案件，就地进行速裁快审，让当事人不出诉讼服务中心，就能一站解纷，切实减轻诉累。

问：习近平总书记强调指出“加快推进跨域立案诉讼服务改革，推动诉讼事项跨区域远程办理、跨层级联动办理，解决好异地诉讼难等问题”。最高人民法院对推动普遍推行跨域立案服务这项工作有什么具体措施？

答：全面推行网上立案和跨域立案服务是今年人民法院的重点工作。网上立案主要是给那些愿意使用网络办事的当事人提供的服务，对那些不善于或者不便于使用网上立案服务的老百姓，我们也要满足他们的司法需求，通过提供跨域立案服务，让当事人在异地也能享受和管辖法院相同的服务。最高人民法院除了在这次发布的《意见》中对跨域立案服务提出原则性规定外，还专门下发跨域立案服务工作规范和技术规范，要求各地法院设立专门服务窗口，配备移动终端、投屏显示器、扫描仪、彩色打印机、身份证读卡器等设备，安排专门人员，对当事人选择就近法院提交起诉材料的，协助做好代为接收、核对以及材料寄送工作，真正做到把方便留给群众，把困难留在法院。目前，京津冀三地法院已基本能够提供跨省的跨域立案服务，今年年底前，各地法院将普遍提供跨域立案服务，让群众诉讼更加便利。

问：近年来，江苏法院大力推进一站式诉讼服务，特别是网上诉讼服务走在全国前列，江苏网上立案的案件占到新收一审民事行政案件的33%。在方便群众诉讼的同时，如何防范虚假诉讼等问题？

答：在2014年，江苏法院依托诉讼服务网建立了网上立案平台，并制定了《网上立案工作规程》，当事人通过网上立案审查系统可以直接向全省所有法院提交起诉状和证据材料，相关法院则依法进行登记立案。2014年以来，全省法院通过网上立案系统已经登记立案案件50余万件。为了防范虚假诉讼，我们主要采取以下措施。

一是各级法院在诉讼服务大厅、人民法庭诉讼服务站设立禁止虚假诉讼的告示，发挥警示作用，引导当事人诚信诉讼。二是我们在诉讼服务网开通律师专门通道，全省的律所和律师都进行了注册和登记，网上立案大部分都是由律师完成的，由于律师都进行了注册管理，出现虚假诉讼的概率较小。三是网上立案审核人员，将防范虚假诉讼作为网上立案审核的重要内容，发现疑似虚假诉讼的，立案人员将发现的疑点、采取的措施等有关情况予以记载附卷，以提示后一诉讼环节。四是加强虚假诉讼制裁力度。对虚假诉讼的参与人或协助当事人制造虚假诉讼的律师、法律工作者、律师事务所及其他法律服务机构，根据情节轻重依法予以处罚。

问：据了解，在多元化解纠纷进程中，不少需要技术支持的业务外包给第三方公司或企业。如何保证这些过程中诉讼信息不被泄露？对于互联网司法数据的安全问题，浙江法院做了哪些具体的防范措施？

答：由于法院诉讼过程中，涉及到不少审判秘密，因此在推进ODR以及其他电子诉讼的过程中，网络安全问题，特别是确保各类数据安全，是我们要重点考虑的问题。对此，我想说明以下三点：一是目前，浙江法院各类互联网平台均部署在国内主要云平台的专有网络（VPC）内。平台本身具有很高的安全性，只有运维人员拥有云平台账号权限的管理权限，并且对指定的端口开放防火墙拦截。同时平台配有堡垒机保障网络和数据不受来自外部和内部用户的入侵和破坏，对发生漏洞或者攻击事故能够第一时间定位并解决。二是就ODR平台而言，根据《信息安全等级保护管理办法》，已达到了三级认证，能有效降低系统被各种攻击的风险，提高信息安全防护能力。三是平台本身配有专门的安全团队，定期对平台进行安全扫描和测试，及时发现平台存在的安全漏洞，并协调相关人员对漏洞进行跟踪和处理。同时，我们与ODR云平台的支撑、运维及应用等相关公司签订了安全保密协议，明确各公司安全操作规程，要求各公司未经法院授权，不访问、不截留、不抓取、不使用法院相关数据。

问：北京法院的诉前调解占比多少？这些案件的诉前调解都是无偿的吗？诉前调解是否进行了市场化尝试？

答：上半年，北京法院多元调解成功案件量为43811件，占同期民事结案量的17.4%。从法院角度来讲，司法为民是我们的工作宗旨，对当事人选择在法院诉讼服务场所进行诉前调解的，我们都是以立案前委派调解为主，如已经聘用1008名特邀人民调解员进驻法院开展诉前调解，面对当事人不收取调解费用；发挥行业性专业性调解组织优势，调解组织调解成功的案件，法院进行司法确认时依法不收取诉讼费用。但我们也注意到，域外一些国家在法院外也有一些专业调解组织提供市场化的服务，这对于解决一些专业性较强的纠纷具有积极意义。目前，北京也有这样的组织，如调解自治行业组织——北京多元调解发展促进会已经指导会员单位探索实行“服务收费，自负盈亏”的管理模式。

［司法实务问题研究］

环境资源审判机构“生态”元素之研究

姚毅奇* 吴旭阳**

［摘要］通过梳理生态与环境资源审判机构的发展历史与现状，并研析我国时代与发展的大局以及司法改革的背景，我们认为在推进生态文明领域国家治理体系和治理能力现代化过程中，环境资源类审判机构名称（设置）应突出“生态”元素的文字表述，并赋予“生态”法治内涵。这既切合宪法、法律修订及地方立法的实际，又符合国家机构改革的方向。从哲理的视角而言，突显“生态”元素，在知识论和认知论上体现了人类的“知”与“无知”的更真本性，还契合科学上的知识分类，亦体现了人本的价值观。

［关键词］生态环境资源　审判机构　生态法治　司法改革

人民法院内设机构改革在即，内设审判业务机构设置与职能要符合司法规律，突出专业导向，并体现鲜明的时代特征。当前，全国上千个环境资源审判机构名称和职能模式不一，机构名称有“环境”与“资源”，而缺乏“生态”元素，不符其审判业务范围和职能定位；且滞后于生态环境保护的新法、新规、新理念，落后于生态文明建设的时代语境。为更好地推进绿色发展，着力解决突出环境问题，加大生态系统保护力度，对审判机构名称（设置）须重新梳理审视，在机构名称中应有与其职能对应的“生态”文字表述，并赋予

* 作者单位：福建省长泰县人民法院。

** 作者单位：厦门大学法学院。

"生态"法治内涵。

一、实践维度：环境资源审判机构专门化建设与生态法治之融合

2018 年全国各级人民法院生态与环境资源审判取得新进展，据 2019 年 3 月 2 日最高人民法院发布《中国环境资源审判 2017—2018》（白皮书）显示：2018 年全国法院受理一审刑事、民事、行政及公益诉讼的生态环境资源案件 26 万多件，[①] 与 2017 年相比呈上升趋势。另据福建省法院公布统计数据，从 2017 年 6 月至 2018 年 5 月，福建法院审结各类生态环境资源案件共 4024 件。[②] 上述这些案件涵盖了生态、环境、资源各个种类。公布数据还显示，全国法院虽设立上千个审判庭、合议庭、巡回法庭，但存在机构名称与职能模式不一的问题，值得考察分析。

（一）审判机构的创设与发展

在环境资源审判机构专门化建设上，审判机构和队伍建设是重要标志。2014 年 7 月，最高人民法院设立"环境资源审判庭"；至此，自下而上在全国四级法院形成环境资源审判机构，为司法专门化发展提供了有力的组织保障。据《中国环境资源审判 2017—2018》（白皮书）公布数据：截至 2018 年 12 月，全国各级人民法院共设立环境资源审判庭、合议庭和巡回法庭 1271 个。其中环境资源审判庭 391 个，23 个高级人民法院设立了环境资源审判庭。各级法院以专门化审判机构及审判队伍为主力，开展生态环境资源审判工作，并加大对污染环境、破坏生态违法犯罪行为的打击力度，在保护国家生态环境和自然资源安全等方面起到了重要的作用。

回顾生态与环境资源审判机构的创设历程，司法创新来自充满改革活力的基层审判一线。2007 年 11 月，贵州省清镇市人民法院创造性设立全国首个"环境保护法庭"，2013 年 3 月更名为"生态保护法庭"；这是中国法院第一个独立的生态司法机构。2010 年 5 月，福建省漳州市中级人民法院设立"生态资源审判庭"，为全国中级人民法院系统的首创。2014 年 5 月，福建省高级人

---

① 其中，受理环境资源刑事一审案件 26481 件，民事一审案件 192008 件，行政一审案件 42235 件。社会组织提起民事公益诉讼案件 65 件，检察机关提起民事、行政及刑事附带民事公益诉讼案件 1737 件。

② 何璐：《福建法院一年来审结涉生态类案件 4000 余件》，载《人民日报》2018 年 6 月 20 日。其中，福建法院还持续推进环境公益诉讼工作；截至 2018 年 5 月底，全省法院受理检察机关和社会组织提起的环境公益诉讼案 93 件。

民法院“生态环境审判庭”揭牌，是全国首个高级人民法院生态司法机构。[①]福建省基本覆盖三级法院的生态审判机构属于“改造型”，是从全省法院林业审判庭延续演变而来，[②]并赋予生态环境资源案件受理管辖的新职能。福建省是全国首个国家生态文明试验区；截至2018年5月，全省95个法院已设立“生态环境审判庭”80个、专门合议庭15个。[③]福建法院打造的生态环境司法保护样本及司法机构品牌创新，贵州为实现生态环境和资源保护专门化而设立生态环境保护审判庭（法庭）系统，其“生态”司法元素凸显于环境资源审判之中，值得研究分析。[④]

（二）审判机构名称与职能模式的变革

我国生态环境资源专门化审判首创于基层，在不断探索改革和发展中也亟待规范与完善。当前，规范审判机构名称是首要问题。

在2014年7月最高人民法院设置“环境资源审判庭”之前，各地的生态审判机关的名称有“环境保护法庭”“生态保护法庭”“生态资源审判庭”和“生态环境审判庭”。2015年3月，河北省高级人民法院还是“另立门户”设置“环境保护审判庭”。2018年福建省各级法院已经统一名称为“生态环境审判庭”，[⑤]其与最高人民法院环境资源审判庭名称依然不对应。笔者认为，对于生态环境资源审判机构在全国范围内不统一，不宜放任“各地为政”，应该抓紧统筹规范。

机构的名称是机构基本属性、内在规律以及特殊性的综合反映。一个完整的机构名称，应该能够反映出该机构的行政区划、所属关系、工作性质、规格

① 姚毅奇：《生态司法专门化下之司法权与行政权关系分析》，载《海峡法学》2017年第2期。

② 1982年福建省在全国率先成立覆盖三级法院的林业审判庭，1988年5月全省设立林业审判庭54个，2007年全省法院有231个政法编制的林业审判队伍。同期，福建检察系统也对应成立林业检察科（处）并发展为生态检察部门。参见马新岚主编：《福建生态司法》，法律出版社2015年版，第33、38、59、207页。

③ 参见福建省高级人民法院2018年6月发布《福建法院生态司法保护状况》。

④ 在福建省习惯将生态环境资源审判执行工作简称生态司法，并作为法院官方用语，如省高级法院院长马新岚主编《福建生态司法》（法律出版社2015年版）。

⑤ 2018年1月福建省机构编制委员会办公室批复，全省法院生态审判机构统一更名为“生态环境审判庭”。

级别以及管理范围等。[①] 审判机构应当定位为生态、环境、资源的审判职能与管辖范围，赋予“生态”法治元素，机构名称（矢名）更科学，涵盖的司法管辖更为全面。因为，审判机构名称专业性是审判专门化的基本要求。2015年11月，最高人民法院在第一次全国法院环境资源审判工作会中明确提出，包括环境资源审判机构专门化在内体系建设。[②] 2016年7月，最高人民法院环境资源司法研究中心学术委员会主任吕忠梅发表《“环境司法专门化研究”调研报告》认为，环境资源审判机构专门化基本建立，[③] 意味着继续深化内设机构改革，应体现其系统性、整体性、重构性，按照《人民法院第五个五年改革纲要》（2019年2月）部署要求——积极推进环境资源审判机制改革，加强审判机构改革与建设。

环境资源审判业务机构名称的统一规范，将有利于对外整体划一的形象，便于上下级法院对应监督指导，有利于统一司法裁判尺度，提升司法保护水平，保障生态环境资源法律的正确实施。再者，契合当前改革发展之需，深化人民法院内设机构改革，加强专业化审判机制建设。[④]

至于审判机构（组织）职能模式，存在上下级不一致、区域差别的问题可以在机构名称统一后，加以区别规范。最高人民法院环境资源审判庭主要职责是审理第一、二审、再审涉及环境资源纠纷案件；2018年6月调整受理以生态环境、自然资源、林业和草原主管部门为被告的环境资源案件，进一步扩大环境资源民事、行政“二合一”归口审理范围。在职能配置模式上，地方法院还有民事、刑事、行政审判“三合一”归口审理模式，以及非诉行政执行案件的审查与执行“审执合一”模式。在法院审判机构（组织）建制上，有独立建制的专业审判庭，也有合署在其他审判庭由专业法官组成合议庭，还有专司巡回办案的合议庭。有关生态司法职能模式可以按照法院级别、地域管辖和案件受理数来分类管理，在改革、创新、实践中不断完善。

---

① 机构名称一般由三部分组成，即区域名、矢名和格级名，它们分别说明和规定着机构的管理（服务）范围、隶属关系、工作内容以及级别规格等。如福建省高级人民法院生态环境审判庭，生态环境就是矢名。

② 环境资源审判专门化体系，即审判机构、审判队伍建设、审判机制、审判程序和规则、司法理论专门化。

③ 参见《以环保法庭建设和运行为中心 积极推进环境司法专门化改革》，载《人民法院报》2016年7月28日。

④ 参见《人民法院第五个五年改革纲要》（法发〔2019〕8号）。

二、发展维度：环境资源审判之“生态”元素与建设生态文明新时代

在生态文明建设的发展大局中，人民法院环境资源审判机构改革应该体现其时代性、创新性、实践性。笔者认为，将审判机构名称统一为“生态环境资源审判庭——合议庭——巡回法庭”为佳，简称“生态庭”；而生态环境资源审判简称“生态审判”，[①] 对应审判执行工作可以简称“生态司法”。从“环境资源”到“生态环境资源”审判机构名称变革，赋予“生态”司法新内涵、新任务，以更好地完成新时代赋予生态文明建设的新使命。

（一）当下中国的“生态”政策指引

1. 在国家战略总体布局上。生态环境是关系党的使命宗旨的重大政治问题，也是关系民生的重大社会问题。生态文明建设是关系中华民族永续发展的根本大计。2012 年，党的十八大报告首次把生态文明的建设推到战略高度，将生态文明建设纳入全面建成小康社会的行为体系和目标体系之中，全面提出了生态文明建设的要求、重点、突破口和方式，要求构建经济建设、政治建设、文化建设、社会建设、生态文明建设“五位一体”总体布局。据此，党章修正案在总纲第九自然段增写了生态文明建设的内容，同时专门增写了生态文明建设一段，为第十八自然段。2013 年十八届三中全会中提出的“系统完整的生态文明制度体系”应当包含四个领域：资源利用、生态保护、污染防治、宣传教育。[②] 2015 年 4 月，中共中央、国务院制定《关于加快推进生态文明建设的意见》中，有严守资源环境生态红线、健全生态保护补充机制、完善生态环境监管制度等规定。这是执政党和国家作出顶层设计，对生态文明建设的全面部署，为人民法院生态司法工作指明了方向。

2017 年，在党的十九大报告中，提到“生态”的共计 43 处，除去“政治生态”4 处，共计 39 处；内容十分丰富，涉及“生态文明”“生态环境”“生态体系”“生态宜居”“生态产品”“生态保护”“生态修复”等，构建了一个关于“生态”的全方位系统论述。相比之下，“环境”一词仅有 29 处，还有多处涉及与生态环境并无关系的“国际环境”“外部环境”“执政环境”等。

---

① 目前，有习惯将“环境资源审判”简称“环资审判”，简化“环资”之用词的表述缺乏严谨科学性，可以“生态审判”取而代之。

② 陶蕾：《论生态制度文明建设的路径》，南京大学出版社 2014 年版，第 163 ~ 165 页。

十九大对于党章的修改，延续了十八大对于“生态环境”的重视，并且“增强绿水青山就是金山银山”的意识。

2. 在总体国家安全观上。国安才能国治，治国必先治安，“生态安全”与“资源安全”并立在内的十一种安全治理互为整体，构成国家安全的总体治理体系。① 生态安全是指一个国家具有支撑国家生存发展的较为完整、不受威胁的生态系统以及应对内外重大生态问题的能力。生态安全是人类生存发展的基本条件。② 构建和谐生态、建设美丽中国，人民法院应为生态安全提供司法保障。特别是，随着近年来工业化、城市化进程的发展以及民众对于生命健康的重视和权利意识的不断提升，生态环境资源类型的公共事件屡屡出现，危及人民群众的人身财产安全；有的演化为群体性事件，威胁社会的和谐与稳定。③ 人民群众对于相关生态公共安全事件愈加关注，人民法院要积极回应关切人民群众福祉，在司法审判工作中维护生态安全、资源安全，维护社会稳定与发展。

3. 在生态环境保护与污染防治攻坚上。2018 年 5 月，中共中央总书记、国家主席习近平在“全国生态环境保护大会”④ 上作了重要讲话，指示推动我国生态文明建设迈向新台阶。同年 6 月，中共中央、国务院发布了《关于全面加强生态环境保护 坚决打好污染防治攻坚战的意见》，强调“深化生态环境保护管理体制改革，完善生态环境管理制度，加快构建生态环境治理体系，健全保障举措，增强系统性和完整性，大幅提升治理能力”；健全生态环境保护的法治体系，并要求行政执法与刑事司法衔接“完善生态环境保护领域民事、行政公益诉讼制度，加大生态环境违法犯罪行为的制裁和惩处力度。加强涉生态环境保护的司法力量建设”。目前，打好污染防治攻坚战，保卫我们的蓝

---

① 国家安全体系是集政治安全、国土安全、军事安全、经济安全、文化安全、社会安全、科技安全、信息安全、生态安全、资源安全、核安全等于一体。

② 《总体国家安全观干部读本》编委会：《总体国家安全观干部读本》，人民出版社 2016 年版，第 158 页。

③ 导致事件爆发的主要原因是，项目前期有关环境影响信息公开不够，项目实施过程中对民众的关注及沟通与回应不足，人们完全缺乏或难以通过法律手段参与环境决策程序以切实维护自身权益，最终只能走上街头表达诉求，甚至引发种种非理性事件。参见严耕、杨朝霞、杨帆：《生态文明法制建设：理清因果 突破瓶颈》，载李媛辉主编：《面向生态文明的林业法治》，中国政法大学出版社 2013 年版，第 7～8 页。

④ 从 1973 年到 2011 年，中国先后召开过七次全国环境保护会议（大会），2018 年 5 月召开第八次大会名称为全国生态环境保护大会。

天、碧水、净土的工作正有序推进，人民法院的司法服务和司法保障不囿于环境与资源，而是拓展到生态系统和生物圈的保护。

（二）生态环境资源审判符合我国的宪法、法律

1. 宪法的规定。2018年3月的宪法修正案将“新发展理念”和“生态文明建设”写入宪法，[①] 这是将理论创新、实践创新、制度创新成果通过国家根本法确认下来。生态文明与物质文明、政治文明、精神文明、社会文明协调发展，写进宪法作为指导原则。由此，凸显“生态环境资源审判”的设置和名称符合我国宪法最新修订的精神。

2. 部门法的修订。“生态”是近几年相关立法与修法的热词。其一，2017年民法总则绿色原则之规定“民事主体从事民事活动，应当有利于节约资源，保护生态环境”；审判机构定位为生态、环境、资源的司法职能，与民法总则的精神相契合。其二，1989年环境保护法提到“生态”仅为4处，而2014年修订环境保护法中，有25处提到了“生态”一词。该法第一条规定的立法的重要目的是“推进生态文明建设”，且在其他法条增加“生态保护”条款和“破坏生态”担责的规定等，如第六十四条“因环境污染和破坏生态造成损害的，应当依照《中华人民共和国侵权责任法》的有关规定承担侵权责任”。其三，2016年修订海洋环境保护法增加“海洋生态补偿制度”条款和“破坏海洋生态”担责的规定等。其四，2017年修订水污染防治法增加“保护水生态”和“流域生态环境功能保护”等规定。“生态”立法修法到位，司法审判不应缺位，故对应相关法律的规定和修订，“生态” + “环境资源”审判才会名副其实，其涵盖司法管辖更全面、机构名称更科学，以回应环境侵权适用范围的拓展。

3. 地方生态文明建设的立法。近几年来，一些省市制定、修订有关生态文明建设的地方法规，如贵州省、青海省、杭州市、珠海市等。其中，《贵州省生态文明建设促进条例（2014年）》体现了“生态文明”，并强调“环境”和“资源”。福建省推进国家生态文明试验区建设，其地方立法修订紧随其后，2018年3月，福建省人大常委会作出决定，修改涉及生态文明建设和环

---

① 宪法序言中，修改为“推动物质文明、政治文明、精神文明、社会文明、生态文明协调发展，把我国建设成为富强民主文明和谐美丽的社会主义现代化强国，实现中华民族伟大复兴”。与此相适应，在宪法第三章“国家机构”第八十九条第六项“领导和管理经济工作和城乡建设”后面，增加“生态文明建设”的内容。

境保护的海域管理、农业生态环境保护、森林、园林绿化等四部地方法规。① 在2018年9月通过《福建省生态文明建设促进条例》中，强调建立完善生态环境资源多元化纠纷解决机制。

（三）生态环境资源审判契合制度创新和审判改革方向

1. 在制度设计和创新层面上。国家在推进生态文明建设中逐步完善相关制度，如生态保护补偿制度、生态环境损害赔偿制度。生态保护补偿制度从原则性规定具化为措施，2016年5月，国务院办公厅发布《关于健全生态保护机制的意见》，其目标任务是建立符合国情的生态保护补偿制度体系，促进形成绿色生产方式和生活方式。此外，生态环境损害赔偿诉讼是项新兴诉讼类型，从2015年12月开始在全国7个省（市）开展生态环境损害赔偿制度试点改革，到2017年12月中央办公厅、国务院办公厅发文《生态环境损害赔偿制度改革方案》（2018年1月1日施行）。国务院授权省级、市地级人民政府为赔偿权利人提起生态环境损害赔偿诉讼，生态环境损害赔偿诉与私益诉讼、公益诉讼并列，从利益归属主体划分构成生态环境资源诉讼的体系。据《中国环境资源审判2017—2018》（白皮书）显示，从2016年7月至2017年7月受理生态环境损害赔偿诉讼案件3件，审结1件；到2018年全年受理20件，审结8件。实践中显示，以省市政府为原告的新型生态环境损害赔偿诉讼，在生态环境修复中发挥了“司法+行政”之功能作用。

2. 在司法解释和司法政策指引上。其一，在司法解释层面上，如2018年1月最高人民法院出台《关于审理海洋自然资源与生态环境损害赔偿纠纷案件的若干问题的规定》（法释〔2017〕23号），对涉及海洋生态环境资源保护的适用法律问题作出解释，将“自然资源”与“生态环境”用词并列在司法解释的篇目上。其二，在司法政策层面上，最高人民法院早在2014年就出台相关司法文件，② 2018年6月发布《关于深入学习贯彻习近平生态文明思想为新时代生态环境保护提供司法服务和保障的意见》（以下简称《生态司法意见》），对环境资源审判工作部署，各级法院必须始终坚持以习近平生态文明

① 福建省第十三届人民代表大会常务委员会第二次会议于2018年3月31日通过《福建省人民代表大会常务委员会关于修改部分涉及生态文明建设和环境保护地方性法规的决定》，对《福建省海域使用管理条例》《福建省城市园林绿化管理条例》《福建省农业生态环境保护条例》和《福建省森林条例》作相应修改，并重新公布。

② 《最高人民法院关于全面加强环境资源审判工作为推进生态文明建设提供有力司法保障的意见》（法发〔2014〕11号）。

思想为指引，发挥司法对于污染防治和生态安全保护、经济高质量发展和生态文明体制改革的服务和保障作用。《生态司法意见》着重体现了“生态”法治的司法内涵，要求树立新时代审判理念，用最严格的制度和最严密的法治保护生态环境。此外，2016 年最高人民法院在发文给福建的文件中亦使用“生态环境资源司法保护工作机制”“生态环境资源审判团队”的专业表述。①

3. 在典型案例指导上。最高人民法院通过公布典型案例以案释法，起到规范、指导、引领社会价值的重要作用。自 2013 年 6 月起，最高人民法院发布典型案件起，一直使用“环境资源”“环境污染”“环境侵权”“环境保护”案例的表述。2019 年 3 月 2 日，最高人民法院发布《生态环境保护典型案例》，共有刑事、民事、行政案例十个，侧重于生态环境保护，为各级法院审理案件提供可供遵循的规范和指导，促进裁判标准的统一和审理规则的完善。“生态”正式出现在案例指导上，这是司法裁判案例指引的一大进步。

（四）生态环境资源审判对应国家机构改革和检察工作

1. 与国家机构新名称对应。2018 年国家机构改革中，将设立了十年之久的环境保护部（前身为国家环境保护总局）改组建生态环境部。保护环境是我国的基本国策。生态环境部为整合分散的生态环境保护职责，统一行使生态和城乡各类污染排放监管与行政执法职责，加强环境污染治理，保障国家生态安全，建设美丽中国。组建生态环境部时，将“生态”体现出来，并且排列于“环境”之前。同时，以原国土资源部为主组建自然资源部，其职责为统一行使全民所有自然资源资产所有者职责，统一行使所有国土空间用途管制和生态保护修复职责，着力解决自然资源所有者不到位、空间规划重叠等问题，实现山水林田湖草整体保护、系统修复、综合治理。

由此可见，生态环境资源审判职能和机构设置、名称应当对应并借鉴当下国家机构改革，尤其是“生态环境部”和“自然资源部”两个重要部委②的组建、命名及其职责等内容。如此，将有利于促进审判执行与行政执法衔接，打造多元共治的生态环境资源司法保护新格局。

2. 与生态环境检察工作对应。生态环境检察是人民检察院工作的重要组成部分，2019 年 2 月 14 日，国务院新闻办公室举行了“中国生态环境检察工

---

① 《最高人民法院关于支持福建省加快建设国家生态文明试验区重大部署的意见》（法发〔2016〕443 号）。

② 包括省、市、县（区）生态环境、自然资源机构的改革。

作新闻发布会”。同年3月12日，张军检察长作最高人民检察院工作报告，提到全年共立案办理民事公益诉讼4393件、行政公益诉讼108767件；其中，涉及“生态环境和资源保护”59312件。此外，与社会组织提起公益诉讼比较而言，人民检察院在短短几年来成为公益诉讼的主力军。近期，最高人民检察院内设机构改革规定，其第八检察厅系负责办理破坏生态环境和资源保护等公益诉讼案件。此外，在这次地方检察院机构改革之时，四川省、湖南省检察院系统已成立多年的“生态环境资源检察处（科）”将对应最高人民检察院的部署改革完善。简之，司法文明协同创新，人民检察院“生态环境检察”职能内涵和表述，值得人民法院“环境资源审判”在司法改革中研究借鉴。

综上，在生态保护和生态文明建设的大背景下，生态环境资源保护及法律完善越来越显著，人民法院要顺应新时代发展大局，将“生态”法治元素体现在司法审判上，丰富审判专门化建设的新内涵。并与时俱进，统一规范各级法院审判机构名称，确定“生态环境资源审判”的新标志。

三、理论维度：环境资源审判之“生态”元素与相关理念和知识

习近平生态文明思想的经典论断有：“坚持人与自然和谐共生”的科学自然观，“坚持绿水青山就是金山银山”的绿色发展观，“坚持良好生态环境是最普惠的民生福祉”的基本民生观，“坚持山水林田湖草是生命共同体”的整体系统观，“用最严格制度最严密法治保护生态环境”的严密法治观。这些思想精髓对人民法院生态司法审判具有重要指导意义。将“生态”法治富于环境资源审判之中，并在机构名称（设置）改革中加以完善，还需要探索审判背后的理论问题。只有如此，才能具有理论性、科学性和前瞻性，更及时有效地化解当下社会矛盾纠纷，预测未来的社会问题。

（一）生态文明建设中“生态”对于“环境”“资源”的重大提升

人作为生命体，是自然界的一部分和产物，因此具有“生物体适宜生存”等涵义的“生态”具有更高的理念位阶，并据此对传统的“环境”“资源”观念进行提升、重塑和统合。特别是要把资源消耗、环境损害、生态效益等体现生态文明建设状况的指标纳入经济社会发展评价体系，增加考核权重，使之成

为推进生态文明建设的重要导向和约束。① 同理，生态司法的法律效果和社会效果突破了传统的“环境”“资源”观念，契合生态文明建设的指标评价体系，培塑“生态”效益新理念。

1. 坚持人与自然和谐共生的科学自然观。人存在于自然界，对自然界有依赖性，人的活动要尊重自然规律，生态文明的价值要求人类的活动须服从于“人——自然”的生态系统。生态文明时代区别于工业文明时代，生态文明是工业文明的继承和发展。环境保护还停留在工业文明时代的观点，更多仅是对工业污染的防治。而生态文明不仅仅止于简单的“污染—防治”观念，更需要深入强调生物体适宜的生存环境及其保护、修复。“生态文明作为一个全新的文明形态，是对传统工业文明的超越”，“因此对环境法治也就提出了新的更高的要求”。②

从生态、生命的视角看，“人与其他生命一样，是自然生态系统的一部分，要不断地与外界自然进行物质、能量和信息的交换，以确保生理意义上的存在与种族的延续。”③ 自然界在亿万年的演化中，形成了各类的生态体系，并因此保持生态平衡和调节的能力。雷切尔·卡森认为，“自然界中存在着一种天然的平衡机制，这种自然平衡是一个将各种生命联系起来的复杂、精密、高度统一的系统。”④

2. 认识新形势下的“生态”理论观。对于生态环境的理解，不应仅仅停留在对原有关于环境保护的理解，“所谓‘生态环境’，不仅仅是‘环境’概念中区别于‘生活环境’的自然部分，更应当是适宜人类生存和发展的，具有一定生态关系的各种自然因素所构成的综合体”。而“所谓生态文明，是指以资源环境的承载力为基础，以生态规律为内心指引和行为准则，为实现人与自然和谐相处，保障良好环境质量和经济社会可持续发展的所有物质成果、精神成果和制度成果的总称。”⑤ 该“生态文明”的定义就较好地结合了“生

---

① 周生贤：《走向生态文明新时代——学习习近平同志关于生态文明建设的重要论述》，载《求是》2013 年第 17 期。

② 邓永芳、赖章盛：《环境法治与伦理的生态化转型》，中国社会科学出版社 2015 年版，第 64 页。

③ 陈文：《21 世纪生态保护立法趋向研究》，黑龙江大学出版社 2015 年版，第 27 页。

④ Carson Rachel. Silent Spring. Houghton Mifflin Company, 1962: 261. 转引自陈文：《21 世纪生态保护立法趋向研究》，黑龙江大学出版社 2015 年版，第 19 页。

⑤ 杨朝霞：《环境权：生态文明时代的代表性权利——以人类文明的变迁和新型权利的兴起为视角》，载李媛辉主编：《面向生态文明的林业法治》，中国政法大学出版社 2013 年，第 28 页。

态”“环境”和“资源”三者的关系和内涵，并实现了“生态”对于“环境”和“资源”的统领。

而与环境保护相比，生态保护更侧重于生命体与周边环境的关系，其以生命体为核心。所以，需要提高对于“生命”“生物”等“生态”的意识。由此可见，在法律的层面上，“生态文明法制建设应当超越环境资源法制建设的老套路，站在生态系统和生态文明的高度，按照生态系统管理的要求，对现行立法体系进行‘生态化’的改造”。[①] 因此，生态保护的法律制度内容更广，还包括了野生动物保护、野生植物保护、水土保持和荒漠化防治、自然保护区乃至于风景名胜和文化古迹保护等。按照生态学研究对象分类，包括种群、群落、生态系统、景观、生物群区、生物圈等11个综合组织层次。[②] 所以，在传统的环境资源司法保护的视域上，应该拓展赋予“生态”元素和理念。

（二）知识、科学与价值的“生态”考察

生态兴则文明兴，除了需要从政治意义、文明发展程度进行探讨外，还可以从知识与科学，乃至于价值的视角进行分析，从中探讨培塑生态司法的新理念。

1. 在知识论和认识论上。当代的知识论和认知论既强调人类的“知”，也要尊重“无知”。相比外在的大千世界，人类知识是有限的；人类对外在世界的了解并不全面。万千自然因果关系和社会关系，我们人类所了解的仅仅只是其中一小部分。知识或者科学技术，并不等于所有的自然规律和因果关系。生态系统及其平衡的背后，存在着各类联系与知识，相当大部分并未直接为人类所知；甚者，远远超出人类长久以来的认知能力。人类本身就是这个生态环境的产物，而且是数十亿年演化的产物，依赖于这个生态系统和环境，需要对其有敬畏之心。正如雷切尔·卡森所指出的，“自然平衡不是一种静止固定的状态，它是一种活动的、永远变化的、不断调整的状态。人类也是这个平衡中的一部分。当这一平衡受人类自身的活动影响变得过于频繁时，它总是变得对人不利，生命是一种超越了我们的理解能力的奇迹，甚至在我们不得不与它进行

① 严耕、杨朝霞、杨帆：《生态文明法制建设：理清因果 突破瓶颈》，载李媛辉主编：《面向生态文明的林业法治》，中国政法大学出版社2013年，第4、5页。

② ［美］Eugene P. Odum、Gary W. Barrett：《生态学基础》，陆健健、王伟、王天慧、何文珊、李秀珍译，高等教育出版社2009年版，第4～5页。

斗争的时候，我们依然要对它保持敬畏之情。”①

倘若，我们仅仅满足于对某一类环境条件的掌握和预判，仅仅满足于蓝天白云、环境整洁等这些我们所容易“知”的表象，而忽视背后或者细节中的生态、生物生存环境，则依旧可能出现对人类生存不利的事件。人类与其他动物、植物或者微生物，都是生命体，都是由细胞构成。如果某一事件或者行为，可能引发大量或者部分生物死亡，虽然不能直接证明其对人体的有害性，但该事件或者行为就应该值得人们警惕。其虽没有造成直接、明显的环境影响，但仍很可能导致对于人类生存、健康的不利影响；或者需要长久的时间才会显示其对人类的伤害结果。同样，资源的开采过程中，如果发生了类似的生态效果，虽无直接的科学知识和测量结果，但也要有一定的警惕之心。因此，我们需要尊重自然规律，敬重自然力，尤其是“生物自然力”；使其作为某些决策的逻辑思维的起点。②

另一方面，我们还需要秉持某种程度上的类似于中国古代的“天人合一”哲学，③ 而不是完全自负的“人类中心主义”和“理性主义”。“生态文明以追求人与自然的和谐为目标，……即人类利益与自然利益的协调一致，法律制度的设计既要体现人的权利，也要体现自然的权利”④。基于对人类“知”之所限，“无知”之无限，而且人类深陷于自然生态环境之中，生态的重要性不言而喻。生态自然界是人类所赖的世界，强调理念中的“生态”对于“环境”的超越，就是在某种程度上承认“无知”的重要地位。将“人与自然和谐共生”融入生态司法保护的理念中，就具有知识论和认识论的意义。

2. 在科学学科分类上。“生态”“环境”和“资源”在学科分属上各不相同，简单地使用“生态环境审判”或“环境资源审判”的名称并不科学。生态学是研究生物体与其周围环境（包括非生物环境和生物环境）相互关系的科学。生态学是一门独立学科。在中国科学技术协会的成员组成中，中国生态学学会与中国环境科学学会、中国自然资源学会是平行并列的一级学会，即三个学会之间没有隶属关系。随着学科研究的发展，生态学已经开始从生物学中

① Carson Rachel. Silent Spring. Houghton Mifflin Company, 1962: 261. 转引自陈文：《21 世纪生态保护立法趋向研究》，黑龙江大学出版社 2015 年版，第 19 页。

② 王树义：《环境法前沿问题研究》，科学出版社 2012 年版，第 151 ~ 155 页。

③ 王树义：《环境法前沿问题研究》，科学出版社 2012 年版，第 183 ~ 184 页。

④ 邓永芳、赖章盛：《环境法治与伦理的生态化转型》，中国社会科学出版社 2015 年版，第 64 页。

跃出成为一门新兴的综合学科，连接物理学和生物学过程，成为自然科学和社会科学的桥梁，① 故在生态保护实际工作上要协同推进。2018 年 9 月，中国科协生态环境产学联合体由中国生态学会、环境科学学会及农、林、水利、海洋等11 个全国学会，7 个生态环境行业知名企业和6 个致力于环境保护事业的社会组织共同发起成立。这是真正的跨学科、跨领域、大联合，体现了高层次和代表性。② 以此分析，现有“环境资源审判”名称缺乏“生态”内涵，不能涵盖生态保护和生态文明建设的要求；故以“生态环境资源审判”表述之，更符合科学规范，可以更全面适用民法总则之绿色原则及其相关法律法规，以体现出最严格制度最严密法治保护生态环境。

3. 在价值论分析上。“环境”与“资源”的保护，需要围绕“生态”这个主体、核心和目的，是以“生态”为核心的“环境”“资源”价值体系。

从价值的构成看，“生物”“生命”才是价值主体或体验主体。必须强调的是，“生态”的取向，是给予“环境”和“资源”赋值和评判的基础。以生态为核心，环境才是环境，资源才是资源；这些要素和变量才能被赋值。加入了“生态”的魂魄，“环境”和“资源”才能由黑白变为鲜活；必须实现由“生态”对于“环境”“资源”的统领。否则可能是南辕北辙，甚至由正值变为负值，导致生态灾难。

从价值的主体看，就生存的条件而言，生物的存续要求生态的条件。法律上的人格寄居于生命体，生命体的死亡或者病变，就会引发法律人格的消灭或者行为能力的限制。生命体的存续、健康和延续是人格的重要基础条件；因此，生命体是价值的主体，生态才是价值的核心，人与自然是生命共同体。

从价值的内容及其发展看，人民群众日益增长的对美好生活需求，已经不再停留于温饱和种族繁衍的物质需要，而是提出了更高的更舒适的、更宜居的、更健康的、更长寿的、更美观的、精神要求更高的物质条件（以及其他的精神条件）。而这些条件的满足，其中，就需要更符合生态的要求，而不是单纯的物质环境。更要有符合生命的生存、健康、发展、生物繁盛和多样化的生态条件，即生态安全以及社会保障、公平正义等需求。从主观效用的视角

---

① ［美］Eugene P. Odum、Gary W. Barrett：《生态学基础》，陆健健、王伟、王天慧、何文珊、李秀珍译，高等教育出版社2009 年版，第 3 页。

② 参见《中国科协生态环境产学联合体在四川遂宁成立》，载 2018 年 9 月 27 日新华网，http：//www. sc. xinhuanet. com/content/2018 –09/27/c_ 1123489989. htm，2019 年 3 月 26 日访问。

看，尊重生态，也就尊重了价值，放飞了价值成长及其无限可能的空间，就可以进一步推动社会财富的增长。因为，绿水青山就是金山银山。

由此看来，完善环境资源审判机构（设置）名称确有必要，赋予“生态”法治内涵，司法为民，以满足公民作为“人”的尊严及其发展的需要，践行“坚持良好生态环境是最普惠的民生福祉”的基本民生观。而从知识论的角度看，无论从“无知”与“知”的哲学和科学探讨，生态环境是人类生存和发展的根基，显然以“生态环境资源审判”为机构名称更为合适，也更为长久。而从价值论的角度看，“生物”“生命”才是主体，“生态”才具有“赋值”的功能，才能统领“环境”与“资源”。

余 论

生态环境资源案件纠纷、诉求乃至于理论都在不断增加和变化，司法审判业务也会随之发展演变。统一规范生态环境资源审判机构名称，应时而生、与时俱进，符合当下我国政治实践、社会发展和司法改革的需要，有其较强的合理性，符合知识与科学的要求。司法改革在即，生态环境审判机构切勿在这轮内设机构改革“刷新”中被“删除”掉。司法改革深化，有关审判专门化建设和归口管理模式、审判机制和审判规则创新等问题，均需在最高人民法院《生态司法意见》和《人民法院第五个五年改革纲要》文件的指引下，不断探索……

拆迁安置房指标买卖纠纷法律探究

陈　娥*

随着大拆大建的推进，拆迁安置房指标作为一种新生物权从无到有，并逐渐进入市场流通，这种指标的市场化流通，一方面增加了市场上房屋的供给量，为购房人群提供更多的选择，另一方面为市场提供了新的经济活力，促进了经济的良性竞争。但是在市场的交易中，拆迁安置房指标作为新型财产从其产生到其转化为不动产过程中有诸多不确定因素，我国相关的立法亦尚不健全，造成拆迁安置房指标买卖中违规、违法的情况大量出现，买卖纠纷不断增多并进入诉讼程序。这类纠纷的发生不但容易扰乱正常的市场交易行为，而且容易引发群体性事件。本文针对拆迁安置房指标自身特征以及实务中容易出现的几类纠纷，从实践出发，提出可行性建议，化解纠纷。

一、拆迁安置房指标的特征

物权法第四十二条规定："征收单位、个人的房屋及其他不动产，应当依法给予拆迁补偿，维护被征收人的合法权益；征收个人住宅的，还应当保证被征收人的居住条件"。为了切实保证被拆迁人的居住条件，安置房作为政府部门一种补偿形式，被拆迁人与政府部门达成拆除被拆迁人原房屋后获取政府部门给予产权调换的统一意思表示，被拆迁人与政府部门按拆迁房屋的评估价和调换后的安置房屋的市场价进行结算调换差价后，被拆迁人有权在将来取得安置用房所有权，双方签订相关的征收补偿协议文书，约定被拆迁人补偿形式、安置地点、安置用房面积等信息。由于安置用房尚未实际建成，尚为期房，于

* 作者单位：浙江省温州市瓯海区法院民一庭。

是拆迁安置房指标便诞生了。

（一）拆迁安置房指标具有不完整的物权属性和债权属性

根据《最高人民法院关于审理商品房买卖合同纠纷案件适用法律若干问题的解释》第七条规定，“拆迁人与被拆迁人按照所有权调换形式订立拆迁补偿安置协议，明确约定拆迁人以位置、用途特定的房屋对被拆迁人予以补偿安置，如果拆迁人将该补偿安置房屋另行出卖给第三人，被拆迁人请求优先取得补偿安置房屋的，应予支持。”该条将被拆迁人对补偿安置协议所享有的债权列为特种债权并具有物权优先的效力。被拆迁人拆除了原有房屋后并不意味着物权的消失，而是转化为特殊的债权形式，待该债权所之指向的房屋建成后便又变成了物权。上述法条确保了无论拆迁人及第三人出于善意还是恶意，也无论第三人是否已办理该房屋的所有权登记手续，领取权利证书，被拆迁人均可追回该拆迁补偿安置房，从而确保了被拆迁人对安置房的所有权。①

（二）拆迁安置房指标具有不确定性

被拆迁人对未来将要实现的物权具有期待利益，但是这种期待利益最终确定的物权是不确定的。安置房的楼层、朝向、室内面积、公摊面积、建成时间、交付时间、办理产权登记时间、小区配套设施等等均需在拆迁安置房指标转化为安置房，被拆迁人进行具体房屋位置选定的时候方可予以确认。

（三）拆迁安置房指标具有便捷的流通性和价格优势性

拆迁安置房指标作为一种无形的财产，其转移、出让尚不需要经过国家政府机构的批准或许可，故其在市场上的流通便非常的便捷、交易效率高。同时由于安置房的一系列不确定性恰恰导致其在市场流通过程中的价格相较商品房而言具有相当的价格优势。在安置房质量和商品房质量相差不大的情况下，更加实惠的价格也吸引购房户参与到拆迁安置房指标的买卖过程中。

二、拆迁安置房指标在买卖过程中出现的问题

（一）买卖合同约定不明

由于拆迁安置房指标的买卖通常情况下都是个人被拆迁人将指标出卖给个人买受人，双方在交易过程中预见性和经验不足，对于买卖合同的书面记载较

---

① 广西华盈房地产开发有限公司等诉桂林市临桂供销总公司房屋拆迁安置补偿合同纠纷案［（2017）桂03民终730号］。

为简单和随意，大多仅就指标单价、总价、付款金额、付款方式作了简要的约定，对于房屋实际建成后的面积差价格、交付时间及协助办理过户、相关配套设施使用等通常都不作严格约定。

常见的双方约定不明的纠纷有以下几种：实际房屋面积和指标面积存在差距，双方就面积的差价发生争议；被拆迁人要求买受人给予相应的好处费，不积极配合买受人办理产权过户手续；双方均要求享受安置房配套设施，例如停车位使用权等。

双方对于买卖合同中约定不明的条款或者没有约定的事项均作出有利于各自利益的解释，造成买卖双方当事人均认为对方存在违约行为而发生纠纷，并要求对方承担违约责任。这样的纠纷进入诉讼程序，双方当事人对事实各执一词，又缺乏证据材料，法官只能通过双方的法庭陈述推断双方的真实意思表示，加大了形成内心确信的难度。

（二）买卖双方权利义务不平等

被拆迁人出卖其安置房指标时的权利人凭证为其与政府部门签订的征收补偿的相关协议。被拆迁人和买受人形成买卖关系时，并不由买受人继受原先协议中关于该指标的所有权利义务，而是买卖双方产生了新的权利义务。即使被拆迁人已经将安置房指标出卖了，但是其仍然为拆迁管理部门直接对接的人员，例如房屋建设过程中需要缴纳的相关费用、具体位置的“摸文定位”、领取房屋钥匙、办理权属的初始登记等重要的节点信息都还是由被拆迁人参与，导致买受人接收信息具有滞后性和片面性，而被拆迁人并不会在合同中对自身怠于履行义务作出过多的约定，容易导致买受人始终处于被动的地位。

在正常的买卖关系中，买方所需要履行的义务是支付对应的价款；出卖方所需要履行的义务是向被告交付标的物。而在安置房指标买卖关系中，出卖人履行支付全部或部分款项的义务后，被拆迁人此时所能够履行的义务最多仅是交付产权调换的协议，真正能够交付的房屋尚未建成。在这个交易的过程中，没有公示、公信的原则来维护物的占有秩序与交易安全，靠的仅是被拆迁人的诚实信用，承受风险的最终受害者往往是买受人。

（三）买卖交易不受监管

拆迁安置房指标是一种新型财产。虽然拆迁安置房指标的最终表现形式为不动产，但在房屋尚未实际建成时，设立时候的登记机关并非国家不动产登记机构，而是拆迁管理机构，并且这种登记并非物权所有权的登记或预告登记，并不能将登记的结果及权利变动的情况对社会其他人产生公示、公信的效力。虽然被拆迁人可以就其所享有的指标进行处分，但是对于拆迁管理机构而言，根据征收补偿协议的相对性，其安置房指标的对象仅为被拆迁人，被拆迁人的处分后果不对拆迁管理机构产生作用，亦无须经拆迁管理机构进行备案或批准。因此安置房指标买卖交易过程完全处于监管空白状态，容易出现被拆迁人一指标多卖或一指标被多次转卖的情况。

1. 被拆迁人一指标多卖

被拆迁人在市场中利用自己的自主权和知情权优势将同一指标被卖给不同的买受人，买受人作为合同签订时的相对弱势方可能在交付全部款项以后都不知道该指标最终建成的房屋已经归属他人。当数份指标买卖合同均有效且买受人均要求履行合同的，一般应按照是否办理房屋所有权变更登记、合法占有房屋以及合同履行情况、买卖合同成立时间等确定权利保护顺位。在这种情形下，买受人仅能够依据债权请求权要求违约方进行赔偿，丧失了物权的取得可能性，容易发生群体性案件，加剧市场交易风险。

2. 一指标连环买卖

被拆迁人出卖安置房指标往往是为了拿到购房款，而买受人购买指标却不一定是为了取得建成的房屋进行居住使用。房屋作为一件高价格的商品具备让人获取利润的空间，因此在市场上产生了一些专门做收购指标后转卖他人生意的人群，他们以低价收购安置房指标后以较高价格进行转卖。拆迁安置房指标流通速度快、交易成本低、参与交易人群广。当最终建成房屋时，被拆迁人可能都不清楚最后的买受人是谁，亦不清楚这个指标权利发生了多少次的转移。

当最后的买受人要求将建成的房屋进行所有权变更登记时就变成了一件麻烦的事情，他主张权利的对象成了所有参与在这个交易过程中的买卖人员，需要由被拆迁人将建成的房屋过户到第一买受人名下，再这样一手手地变更登记直到登记至最后的买受人名下，增加了最终买受人维权的成本和难度。

当然在实践中，为了省钱省事，最终的买受人往往会找到被拆迁人再签订一份虚假的买卖合同并给予被拆迁人相应好处费，完成从被拆迁人名下直接过户至最终买受人名下的“直过户”。“直过户”在交易中非常容易引发纠纷，在履行虚假合同过程中可能存在如下风险：被拆迁人要求最终买手人按照虚假合同约定交付价款；最终买受人甚至其中任何一手买受人主张出卖方存在未交付房屋的违约责任；其中任何一手买卖双方主张最终买受人和被拆迁人之间签订的合同因违法避税而无效；等等。这样完全意思自治、不受监管交易过程，不仅容易给各买卖双方的权利造成损害，而且造成国家税收的巨大损失，严重破坏了交易秩序。

（四）买卖违约成本低可能性高

由于安置房指标对应的房屋系期房，实践中的房屋建成至少需要2年以上，而目前无法办理拆迁安置房指标的权属登记手续，故被拆迁人与买受人需等到安置房建成后具备办理产权登记手续条件之后才能办理过户手续。一旦市场上房价在这段时间内大幅度上升或下降，容易造成当事人双方心理上的不平衡，给企图违约的一方创造便利条件。

三、化解纠纷的建议

（一）完善法律法规

由于目前对于拆迁安置房指标这个新生事物，相关立法机构和政府部门尚未形成统一的认识、定位、实践操作，拆迁安置房指标处于法律空白地带，人们的财产权利处于不确定状态。这种法律缺位容易导致权利人难以明确归属，无法获得平等的权利保护和适用相同的市场规则，各种违法、违规的交易现象也就在所难免。虽然最高人民法院的司法解释保障了拆迁安置指标的物权属性，但是根据物权法定原则，需尽快制定全国性法律规范，故可以在物权法、合同法的框架内，对拆迁安置房指标属性、类别、内容、设立和变动的公示方法等予以规范，填补法律空白。

（二）应当建立和完善拆迁安置房指标登记制度

化解纠纷首要的是加强对指标的监管。最好的监管就是向社会公示，当事人及第三人可以直接从外部了解到拆迁安置指标的权利状态。参照不动产登记制度，建立以不动产登记机构为指标统一登记机关的登记制度。

在被拆迁人与政府拆迁管理部门签署拆迁补偿协议时，要求双方对确认的指标信息进行权属登记，对登记的条件、程序及登记的效力、错误登记的救济和赔偿制度等作出明确、细致的约定，形成完整准确的财产权属证明，始终将房屋和指标相互对照，更准确确认权利主体，确保物权、债权相互转化过程中，房屋上的权利和指标上的权利完整过渡，避免出现权利限制的空档。

对指标买卖合同的主体、面积、价款、税收等作出具体和示范性规定，出台统一的合同示范文本，进一步规范和指导正常的安置房指标买卖，维护买卖双方正常利益诉求，为指标买受人的权利提供保护，切实提供解决实际权利人和登记权利人不一致的途径。

允许公民、法人或其他组织依法查阅安置房指标相关信息，保障买受人信息的准确性和及时性，使指标具有权利的社会公示、公信效力。

（三）健全完善信息共享机制

利用“互联网+”实现信息的共享，将拆迁安置房指标的相关信息与公检法、街道、拆迁管理部门、税务、市场监管、银监会等部门进行共享、交换，一方面可以强化对市场交易的监管和秩序的维护，避免出现买卖双方隐匿转移财产、逃税避税等行为，另外一方面也是实现“最多跑一次”的必要之举，打破信息的孤岛现象，实现让信息多交互，让当事人少跑路，最大程度提高工作的效率。

[新类型疑难案例选评]

陈某龙等诉秦某平机动车交通事故责任案[①]

余孝安[*]

【基本案情】

原告：陈某龙。

原告：金某。

被告：秦某平。

重庆市丰都县人民法院公开审理查明：陈某龙系陈某秀之父，金某系陈某秀之女。陈某秀与秦某平于2010年2月1日登记结婚（均系再婚）。2018年6月22日6时44分许，秦某平驾驶两轮电动车搭载其妻子陈某秀（去龙城华府看望其生病的父亲陈某龙）从丰都县党政大楼沿平都大道向丰都县龙河大桥方向行驶，当行驶至重庆市丰都县三合街道平都大道名山路口时，在停车制动过程中，因操作措施不当致使车辆侧翻到底，造成陈某秀经抢救无效于2018年6月24日17时许死亡的交通事故。2018年7月25日，经重庆市丰都县公安局交通巡逻警察大队委托，重庆市正港交通事故司法鉴定所对秦某平驾驶的无号牌电动两轮车进行了车辆安全技术性能检验鉴定，其结论为：被鉴定车辆无牌绿源电动两轮车（车架号19282171112747、电机号LYDM7B3000011 Y 1058BQ550 1058）的外观（后视镜）设置完整，该车的转向、传动、行驶、

① 一审案号：(2018) 渝0230民初4485号。

* 作者单位：重庆市丰都县人民法院。

制动系统性能有效。2018 年 8 月 1 日，经重庆市丰都县公安局交通巡逻警察大队事故认定，其意见为：秦某平在此次事故中为全部过错，负此次事故的全部责任；陈某秀在此次事故中无过错，不负此次事故责任。

另查明，现陈某龙每月在丰都县社会保障局领取养老金 2974. 40 元。陈某秀户口性质为农村户口，事发前一直在丰都县三合街道丁庄村 1 组居住生活。

【审理结果】

重庆市丰都县人民法院审理认为，公民的生命权依法受法律保护。公民、法人或者其他组织因过错侵害公民的生命权的，依法应当承担赔偿责任。本案中，秦某平驾驶两轮电动车发生交通事故致陈某秀死亡，并负此次交通事故的全部责任，应当赔偿陈某秀死亡后的各项损失。因秦某平为了家庭共同事务（看望陈某秀生病的父亲陈某龙）驾驶两轮电动车发生交通事故，陈某秀死亡的损失，本院酌定由秦某平与陈某秀各承担 50% 的责任。因陈某秀死亡后，因秦某平属于其权利人，且不属于《中华人民共和国继承法》第七条规定的丧失继承权的情形，故陈某秀死亡后的损失中应由秦某平赔偿的部分损失，本院酌定由秦某平赔偿陈某龙、金某 2/3，其余的损失由陈某龙、金某自行承担。对秦某平已支出的丧葬费，应由陈某龙、金某和秦某平共同负担。

陈某秀死亡后的损失，可确认为：1. 死亡赔偿金，陈某龙、金某主张赔偿 666619 元（含被扶养人生活费 22759 元），其计算有误。陈某秀（死亡时为 54 岁）的户口性质为农村户口，且陈某龙、金某未举示相关的证据证明其死亡赔偿金应按城镇标准予以赔偿。其死亡赔偿金本院予以确认 252760 元（12638 元/年 ×20 年）。对陈某龙主张赔偿的被扶养人生活费 22759 元，因陈某龙每月有养老金 2974. 40 元，故对其被扶养人生活费主张，本院不予支持；综上，死亡赔偿金，本院予以确认，为 252760 元。2. 丧葬费，陈某龙、金某主张赔偿 37159 元，其计算有误。其丧葬费应计算为 35444. 50 元（70889 元/年 ÷2，已由秦某平支付）；3. 精神损失抚慰金，陈某龙、金某主张赔偿 50000 元，其主张过高。结合本案的实际情况，本院酌定赔偿 40000 元。综上，陈某秀死亡后的损失，本院予以确认 328204. 50 元。结合本案的实际情况，本院酌定由秦某平赔偿陈某龙、金某 109401. 50 元（328204. 50 ×0. 5 ×2/3），减去应由陈某龙、金某承担的丧葬费 23629. 67 元（35444. 50 元 ×2/3），秦某平尚应赔偿陈某龙、金某85771.83元。

综上所述，依照《中华人民共和国侵权责任法》第六条、第十六条和《最高人民法院关于审理人身损害赔偿案件适用法律若干问题的解释》第十七条、第十八条、第二十七条、第二十九条之规定，并经本院审判委员会讨论研究决定，判决如下：一、被告秦某平在本判决发生法律效力后15日内赔偿原告陈某龙、金某因陈某秀死亡后的死亡赔偿金、精神损失抚慰金等损失计85771.83元（已扣除应由原告陈某龙、金某承担的丧葬费23629.67元）；二、驳回原告陈某龙、金某的其余诉讼请求。一审判决后，原被告双方均服判息诉。

［评析］

搭载亲属朋友发生交通事故造成亲属朋友损害的可根据案情减轻搭载人的赔偿责任

一、交通事故中相关行政机关的责任认定并不等同于人民法院裁判中的责任认定

在交通事故中，公安机关对于事故原因及机动车之间，机动车与非机动车及行人之间，非机动车与行人之间一般都进行了部分的原因分析和对行为人之间的责任大小进行了划分，对于责任划分不服的，可以申请上一级行政机关进行复核，但不能就责任划分问题提起行政诉讼，从表面看符合行政诉讼法第十二条规定“人民法院受理公民、法人或者其他组织提起的下列诉讼：（一）对行政拘留、暂扣或者吊销许可证和执照、责令停产停业、没收违法所得、没收非法财物、罚款、警告等行政处罚不服的；（二）对限制人身自由或者对财产的查封、扣押、冻结等行政强制措施和行政强制执行不服的……（十二）认为行政机关侵犯其他人身权、财产权等合法权益的”，可以提起行政诉讼，其实不然，因为行政诉讼法没有将该行为列为行政行为，仅仅是将其作为一个比较专业的部门作出的一种意见，相当于司法鉴定意见，法院对此是否采纳，可结合证据认定的事实，包括原因事实、当事人的过错程度进行判断，最终作出过错大小程度及责任比例的划分，这是法院对民事责任独立行使裁判权的具体

体现。全国人民代表大会常务委员会法制工作委员会在法工办复字〔2005〕1号对行政诉讼法的法律解释是“根据道路交通安全法第七十三条的规定，公安机关交通管理部门制作的交通事故认定书，作为处理交通事故案件的证据使用。因此，交通事故责任认定行为不属于具体行政行为，不能向人民法院提起行政诉讼。如果当事人对交通事故认定书牵连的民事赔偿不服的，可以向人民法院提起民事诉讼。”当然，如果公安机关根据自己的事实认定与责任认定，对当事人进行行政处罚，该行政处罚行为属于行政诉讼范畴，自应另当别论。之所以将公安机关的责任认定作为一种意见或者证据，更为深层次的原因在于，民事责任的划分，不是从违法行为判断得出责任划分那么简单，还包括民法上因果关系事实的判断，即民事诉讼证据裁判规则等民事法律的适用问题，如举证责任的分配问题，这些问题只有法院的法官才有法律赋予的裁判权，不能分享，只能由法院独立行使，因此本案虽然有公安机关对于死者与被告之间作出了死者无过错无责任，被告承担全部过错责任的划分认定，但法院仍然没有采纳公安机关的责任划分意见，而是根据案情另行划分责任，符合法律规定。

二、亲情搭乘、好意搭乘造成损害的赔偿问题，不能机械适用法律，违背民法的精神实质

在现实的司法实践中，少部分法官在处理交通事故责任纠纷中，喜欢简单适用道路交通安全法第七十六条并套用公安机关的责任认定，简单对驾驶人、行人、非机动车的具体责任比例进行划分，减除交强险及商业险赔偿额度后，余额按照公安机关确定的过错责任进行划分，进行比例计算，这样的处理在一般的交通事故责任纠纷案件中，一般不存在大的问题，但是在复杂或者特殊的交通事故责任纠纷中产生的问题是，对划分责任缺乏科学公正的评价，没有将过错程度与原因力进行权重考量及其他因素考量，因此，作出的判决缺乏公正合理性。一个行为在侵权责任法中，我们可以对其进行法律性质上的评价，分为违法行为、合法行为、非违法行为，也可从主观上对其进行过错评价，分为过失与故意，之所以区分故意与过失，是为了评价这个行为好坏程度，故意比过失过错程度大，过失又分为重大过失、一般过失、轻微过失，作了以上区分后，并非就能够确定民事责任大小，因为民事责任还有一个重要的事实评价，

这个事实就是因果关系事实，无论违法行为或者过错行为，对于受害人的损结果没有引起与被引起关系，行为人仍然不需要承担民事责任，因此行为人要承担民事责任的前提条件是必须是对于受害人的损失与行为人的行为之间存在引起与被引起的因果关系，由此产生两个民事赔偿责任的要素，违法或者过错程度与原因力大小，只有考量这两个要素对结果的影响，进行全面衡量，才能确定民事侵权行为的责任大小问题（这里不讨论过错责任归责原则外的无过错责任等问题，因文中案例不涉及这个问题），因此任何一个侵权行为纳入过错赔偿或者违法赔偿的问题都不能通过一个因素考量来简单确定民事赔偿责任的大小问题，而应当衡量过错程度、违法程度、原因力大小，考量这些因素对损害结果的影响程度，才能确定侵权行为人的责任大小。对这个问题有学者及法官认为应当预先确定过错与原因力两个要素的一个固定的权重比例，然后分别确定进行加减法计算，笔者认为这样的做法过于机械，因为民事案件的具体情况十分复杂，有的案件根本没有办法进行原因力比较，有的案件过错程度也不好比较，只能从一个方面进行比较，因此不宜机械地固化一个比例来进行计算，只要综合平衡了两个要素，合理得出结果即可。与此同时，一些更为复杂的案件，我们还应当考量一些行为是否存在侵权阻却因素，来衡量行为是否真正存在过错或者违法。亲情搭载、好意同乘的交通事故责任纠纷属于复杂的案件，如果忽略“亲情搭载”“好意搭载”这个有关因果关系的事实，法律阻却问题，简单下判，会导致裁判结果背离诚实信用、互帮互助、助人为乐、见义勇为等公序良俗，引发裁判结果与民法精神原则冲突。因此涉及亲情搭载、好意同乘的交通事故责任纠纷案件，法官必须重新审视道路交通安全法相关规则，回归民法的精神本质，从侵权责任法、民法通则、民法总则及相关的法律解释语境中寻找适用的法律，才能作出公正合理的判决。

三、亲情搭载、好意同乘当事人之间的法律关系解读与法律适用

这里探讨的是保险赔偿外的损失赔偿或者补偿问题，前者法律规定很明确，这里不再研究。亲情搭载、好意同乘的当事人不外乎有两个，一个是搭载人，一个是被搭载人。搭载人是驾驶人或所有人、管理人，被搭载人是乘客，从双方搭载的意思表示看，是被搭载人有搭载的意思表示，比如招手、语言表示，搭载人同意，或者搭载人主动作出搭载的表示，被搭载人感激中同意而产

生的双方合意行为。从合同法角度看系无偿运输合同，合同当事人双方可能是朋友关系、同志关系、亲属关系、好意施惠的陌生人关系等，从合同的核心权利义务内容上看，就是搭载人将被搭载人运往某个地点，被搭载人不负担费用的合同。对于人身财产的安全保障义务，双方没有约定，只是一种安全抵达的心理期待。因此从合同关系来看，搭载人如果出现事故造成被搭载人人身与财产损失，搭载人一般不负合同责任。可现实的问题是，一旦出现交通事故，被搭载人就不顾亲情及好意，以侵权法律关系为切入点，进行合同责任与侵权责任请求权竞合并作出有利于自己的选择，起诉搭载人赔偿自己的人身及财产损失，因此必须正视侵权损害赔偿的法律适用问题。在审判实践中，高频进入法官视野的法律条款就是道路交通事故安全法第七十六条，这一条款经常使法官进入一个认识误区，把特殊情形的交通事故当成一般的交通事故处理，适用机动车之间的过错责任归责原则，或适用机动车与非机动车、行人之间过错责任加有限的无过错归责原则，用以上归责原则对搭载人与被搭载人进行划责裁判。这种错误的根源是，没有认真研究该条款的真正含义，该条款是针对驾驶人对第三人造成损害的赔偿问题，也就是本车以外的第三人人身财产赔偿问题，而对于本车上的乘客，并没有规定在该条中，因此对于车上乘客不能适用该条款。道路交通事故安全法对此也没有规定，根据普通法与特别法关系处理规则，特别法没有规定的，适用普通法规定，侵权责任法属普通法，道路交通事故安全法属特别法，因此解决这一问题的法律方法是回归到侵权责任法里去寻找法律规则及原则或者在相关的其他特别法中寻找答案。侵权责任法规定了过错责任为主、无过错责任及公平责任为补充的归责原则框架，前一种一般情况下适用，后两种有法律特别规定才适用，显然亲情搭载、好意搭乘不属于严格责任的后两种加重范畴，只能适用过错责任归责原则。过错，是指对行为人主观心理状态的评价，分为故意与过失。过错的本质是补偿与预防，是法官在进行价值判断，各种利益的权衡。[①] 亲情搭载、好意搭乘一般不存在故意侵权的问题，因此这里对故意不作讨论，过失分为重大过失、一般过失、轻微过失，对于重大过失承担侵权赔偿责任，一般是没有争议的，但承担责任时，过失相抵仍需谨慎。对于一般过失、轻微过失，在特殊的情形下，法律规定不承

① 程啸：《侵权责任法》，法律出版社2015年版，第263页。

担赔偿责任，如侵权责任法第二十七至第三十一条、第五十五条规定的受害人故意，第三人侵权，正当防卫，紧急避险情形，同意的行为，行为人不承担赔偿责任，民法总则第一百八十四条规定的紧急救助行为不承担赔偿责任，《最高人民法院关于审理人身损害赔偿案件适用法律若干问题的解释》第十三条规定的无偿为他人提供劳务造成他人损害的不承担赔偿责任，由被帮工人承担赔偿责任。以上法律规定可以看出，法律对于善意帮助，见义勇为，或者不可归责的行为，当事人同意的行为，予以倡导鼓励，以一般过失不承担赔偿方式或者减轻责任来肯定这种合法行为，阻却行为的违法性及免除，减轻民事责任。亲情搭载、好意搭乘属于无偿帮助的善举，因此一般过失情况下，是不承担或者减轻民事赔偿责任的。在侵权人存在重大过失的情况下，法官也应当综合考量受害人的过错、行为人的过错程度、行为对损害结果产生的原因力大小，以适当减轻搭载人的民事赔偿责任方式进行裁判，这样的裁判结果才具有公正性。

四、亲情搭载、好意搭乘从一定意义上来说有自冒风险的属性

所谓自冒风险，英文表达为“assumption of risk”，也称自愿承担风险，是指“被害人原可以预见损害之发生而又自愿冒损害发生之危险，而损害结果真不幸发生”① 的情形。易言之，即受害人事先了解为某项行为可能伴随风险、损失或者事故，但仍自愿为此行为，并同意自行承担可能的后果。② 在现代民法上，自冒风险作为一项抗辩事由，通常也会产生减轻或者免除加害人赔偿责任的后果。自冒风险依学者解释，一般来说有两个构成要件，一个为行为人与相对人存在某种基础法律关系，一个为冒险行为，前者是从事冒险行为的前提条件。之所以称其为自冒风险行为，是因为这种行为存在不确定的危险，对于行为可能造成的损害后果行为人与相对人有预见，并默示同意对可能发生不利益的自愿承担。亲情搭载、好意搭乘具有这样的属性，因为搭载人与被搭载人存在基础法律关系就是无偿运输合同或者说服务合同，后存在自冒风险行为，知道高速运载工具存在可能风险，并对这种风险的可能发生自愿承担可能

① 张新宝：《侵权责任构成要件研究》，法律出版社2007年版，第479页。

② 最高人民法院侵权责任法研究小组编著：《〈中华人民共和国侵权责任法〉条文理解与适用》，人民法院出版社2010版，第211页。

的损害，虽然双方没有明确提出，但在心理上是默示同意的。试想这种好意施惠情况下，被搭载人如果在搭载时提出搭载的一些要求，搭载人会同意吗？被搭载人从良心过意得去吗？现实状况是双方在心理上都愿意赌一把，风险不会发生，即使可能发生也愿意在保险外减轻搭载人责任或者不要求担责。

五、亲情搭载、好意搭乘从一定意义上来说也可以归入无因管理法律关系

无因管理，是指没有法律规定或者约定的义务而为他人管理事务，对于管理事务的人称为管理人，他人称为本人，这里的“管理”是广义的，涵盖服务。民法之所以规定无因管理，是基于社会生活的连带关系，为鼓励互帮互助、见义勇为的崇高精神与道德，特规定无因管理制度，赋予无因管理行为的合法性阻却其违法性。① 根据我国民法通则第九十三条规定判断无因管理是否成立有三个要件：管理他人事务，有为他人利益的意思，无法律上的原因。所谓管理是指对事务进行处理，管理既可以是事实行为，如维修他人房屋，将路边晕倒的病人送往医院抢救，也可以是法律行为，如甲生病未能实现房屋出租，乙以自己名义出租该房屋，或者以甲的名义出租房屋将租金给付给甲，都构成无因管理。对于管理人的赔偿责任我国民法没有明确的规定，但通说认为，管理人未履行或不适当履行义务，对本人造成损害的，应向本人承担不履行债务的责任，该责任以主观上有过错为要件，但为避免本人生命、身体或财产急迫危险时，对本人造成的损害，管理人仅在恶意或重大过失时，才负赔偿责任。亲情搭载、好意搭乘很多情况下，搭载人都没有法律上规定的搭载被搭载人义务，系帮助他人的事实行为，但搭载人是为被搭载人的利益进行服务，因此搭载人构成无因管理中的管理人，被搭载人成为无因管理中的本人，双方之间构成无因管理的法律关系。

六、切入本案的分析

搭载人与被搭载人系夫妻关系，被搭载人为了探视自己的父亲，商议由搭载人驾驶两人共有的电动车前往，从婚姻法角度看，是夫妻之间履行扶助义

① 参见国家司法考试委员会编著：《国家司法考试用书》，法律出版社 2007 年版，第 225～226 页。

务，属于公序良俗，应当进行肯定性评价，从风险预估上看，高速的运输工具存在事故风险，且这种运输工具的驾驶人一般都没有取得驾驶证，也没有投保交强险与商业保险，事故概率比较高，风险比较大，两人心知肚明，但仍然自冒风险，按自冒风险的责任自担原则应减轻搭载人或不要求搭载人承担责任。从过错归责原则考虑，主观心理上，双方搭乘这样的无保险的车辆都存在一定的过错，按过失相抵规则也应当减轻搭载人的责任。从夫妻之间的相互扶养义务上看，我国婚姻法也明确规定夫妻之间相互有扶助的义务、责任分担的义务，因此发生事故造成搭载人或者被搭载人损害双方都应分担。从原被告之间的关系来说构成无因管理关系，因原被告之间无法律上的赡养、扶养义务，被告是为原告进行服务，原告受有利益，因此构成无因管理关系，从无因管理形成的侵权责任归责的过错责任上考量，可酌情适当减轻被告的赔偿责任，协调亲情伦理柔情与法律上过错责任刚性赔偿之间的冲突。

本案裁判亲情搭载的被告承担50%的赔偿责任，综合考量了过错责任因素、自冒风险因素、无因管理因素，再考虑被告的特殊地位，对于受害人而言，因其死亡，其配偶、父母、子女均系赔偿请求权人，由于本案加害人系受害人的配偶，因此处于赔偿义务人及权利人的混同地位，从赔偿请求权视角看，与本案的原告——受害人的父亲、女儿一样享有赔偿请求权，但从赔偿义务人看请求权又指向了自己，对于赔偿总额中，属于自己应分得的部分，应当扣减或者抵消，这主要包含在受害人的死亡赔偿金、丧葬费等共同具有请求权部分，扣减部分的余额才属于本案原告真正应当请求赔偿的部分，本案在裁判时考虑了这个因素。综上所述，本案裁判结果具有合情适理合法性。当然，本案的判决书说理过于简单，法律条款引用缺失，不能不说是一个瑕疵。但总体而言体现了司法公正，将法律刚性与伦理柔情结合一体，对相关类似情况具有指导意义。

[意见征求]

全国法院民商事审判工作会议纪要
(征求意见稿)

(2019年8月6日)

目 录

为全面贯彻党的十九大和十九届二中、三中全会以及中央经济工作会议、中央政法工作会议、全国金融工作会议精神，研究在当前形势下如何进一步加强民商事审判工作，着力提升人民法院民商事审判工作能力和水平，为我国经济高质量发展提供更加有力的司法服务和保障，最高人民法院于2019年7月3日至4日在黑龙江省哈尔滨市召开了全国法院民商事审判工作会议。各省、自治区、直辖市高级人民法院分管民商事审判工作的副院长、承担民商事案件审判任务的审判庭庭长、解放军军事法院的代表、最高人民法院有关部门负责人在主会场出席会议，地方各级法院的其他院领导和民商事审判法官在各地分会场通过视频参加会议。中央政法委、全国人大常委会法工委的代表，部分全国人大代表、全国政协委员、最高人民法院特约监督员以及专家学者应邀参加会议。最高人民法院审判委员会专职委员刘贵祥主持会议，最高人民法院院长、党组书记周强在会上做了重要讲话，在总结过去成绩和分析形势任务的基础上，作出了以优化营商环境为重心，以产权保护、金融审判、破产审判三项工作为重点，更好地服务高质量发展的工作部署。刘贵祥专委就民商事审判工作中要坚持党的绝对领导、坚持服务党和国家大局、坚持司法为民、坚持公正司法等政治性原则，牢固树立辩证理解民商事审判的基本原则、注意民商事审判中的利益平衡、注意民商事审判中裁判尺度的统一等重要理念，以及民商事审判工作中的一些重大疑难问题做了工作报告。最高人民法院民二庭庭长林文学作了总结。与会同志通过讨论，对当前民商事审判工作中的一些疑难法律问题取得了基本一致的看法，现纪要如下：

一、《民法总则》适用的法律衔接问题

会议认为，《民法总则》施行后至民法典施行前，拟编入民法典但尚未完成修订的《物权法》《合同法》等民事基本法，以及不编入民法典的《公司法》《证券法》《信托法》《保险法》《票据法》等民商事特别法，均可能存在与《民法总则》规定不一致的情形。人民法院应当依照《立法法》第九十二条、《民法总则》第十一条等规定，综合考虑新的规定优于旧的规定、特别规定优于一般规定等法律适用规则，依法处理好《民法总则》与相关法律的衔接问题，主要是处理好与《民法通则》《合同法》《公司法》的关系。

1.【《民法总则》与《民法通则》的关系及其适用】《民法通则》既规定了民法的一些基本制度和一般性规则，也规定了合同、所有权及其他财产权、

知识产权、民事责任、涉外民事法律关系适用等具体内容。《民法总则》基本吸收了《民法通则》规定的民事基本制度和一般性规则，同时作了补充、完善和发展。《民法通则》规定的合同、所有权及其他财产权、民事责任等具体内容还需要在编撰民法典各分编时作进一步统筹，系统整合。据此，《民法总则》施行后暂不废止《民法通则》，待民法典施行后再予以废止。在此之前，《民法总则》与《民法通则》的规定不一致的，根据新的规定优于旧的规定的法律适用规则，适用《民法总则》的规定。最高人民法院已依据《民法总则》制定了关于诉讼时效问题的司法解释，而原依据《民法通则》制定的关于诉讼时效的司法解释，只要与《民法总则》不冲突，仍可适用。《民法通则》废止后，有关司法解释再根据民法典的规定作相应调整。

2.【《民法总则》与《合同法》的关系及其适用】根据民法典编撰工作"两步走"的安排，《民法总则》施行后，目前正在进行民法典的合同编、物权编等各分编的编撰工作。民法典施行后，《合同法》不再保留。在这之前，《合同法》"总则"的规定与《民法总则》的规定不一致的，因《合同法》"总则"的内容实际上规定了本应由《民法总则》规定的部分内容，根据新的规定优于旧的规定的法律适用规则，适用《民法总则》的规定。例如，关于可变更制度，《合同法》对此进行了规定，但《民法总则》对其没有规定。关于欺诈、胁迫制度，《合同法》规定的欺诈、胁迫仅发生在合同当事人之间，而《民法总则》对第三人实施的欺诈、胁迫行为也进行了规范。在合同效力问题上，《合同法》视欺诈、胁迫行为所损害的利益的不同，对合同效力作出了不同规定：损害合同当事人利益的，属于可撤销或者可变更合同；损害国家利益的，则属于无效合同。《民法总则》规定此类合同一概属于可撤销合同。关于显失公平制度，《合同法》将显失公平和乘人之危作为两类不同的可撤销或可变更合同事由，而《民法总则》只规定了显失公平制度，没有规定乘人之危。

在民法典施行前，《合同法》"分则"的规定与《民法总则》的规定不一致的，根据特别规定优于一般规定的法律适用规则，适用《合同法》"分则"的规定。例如，《民法总则》仅规定了显名代理，没有规定《合同法》第四百零二条的隐名代理和第四百零三条的间接代理。在民法典施行前，这两条规定应当继续适用。

3.【《民法总则》与《公司法》的关系及其适用】《民法总则》第三章

"法人"第一节"一般规定"和第二节"营利法人"基本上是根据《公司法》的有关规定提炼的，二者的精神大体一致。因此，涉及《民法总则》这一部分的内容，规定一致的，适用《民法总则》或者《公司法》皆可。《民法总则》与《公司法》的关系，是一般法与民商事特别法的关系，《公司法》与《民法总则》的规定不一致的，根据特别规定优于一般规定的法律适用规则，原则上应当适用《公司法》的规定。但该原则也有例外，主要表现在两个方面：一是就同一事项，《民法总则》制定时有意修正《公司法》有关条款的，应当适用《民法总则》的规定。例如，《公司法》第三十二条第三款规定："公司应当将股东的姓名或者名称及其出资额向公司登记机关登记；登记事项发生变更的，应当办理变更登记。未经登记或者变更登记的，不得对抗第三人。"而《民法总则》第六十五条的规定则把"不得对抗第三人"修正为"不得对抗善意相对人"，经查询有关立法理由，可以认为，此种情况应当适用《民法总则》的规定。二是《民法总则》在《公司法》规定基础上增加了新内容的，如《公司法》第二十二条第二款就公司决议的撤销问题进行了规定，《民法总则》第八十五条在该条基础上增加规定："但是营利法人依据该决议与善意相对人形成的民事法律关系不受影响。"此时，也应适用《民法总则》的规定。

4.【《民法总则》的时间效力】根据"法不溯及既往"的原则，《民法总则》原则上没有溯及力，故只能适用于施行后发生的法律事实；《民法总则》施行前发生的法律事实，适用当时的法律；某一法律事实发生在《民法总则》施行前，其行为或者后果延续至《民法总则》施行后的，适用《民法总则》的规定。但前述原则有两个例外：一是虽然法律事实发生在《民法总则》施行前，但当时的法律对此没有规定而《民法总则》有规定的，可以适用《民法总则》的规定。例如，对于虚伪意思表示、第三人欺诈制度，《合同法》均无规定，发生纠纷后，就可以适用《民法总则》的相关规定。二是《民法总则》施行前成立的合同，根据当时的法律应当认定合同无效，而根据《民法总则》应当认定合同有效或者可撤销的，应当适用《民法总则》的规定。

5.【《民法总则》无溯及力时的参考说理作用】在《民法总则》无溯及力的场合，人民法院应当依据法律事实发生时的法律进行裁判，但如果法律事实发生时的法律虽有规定，但内容不具体、不明确的，如关于无权代理在被代理人不予追认时的法律后果，《民法通则》和《合同法》均规定由行为人承担民事责任，但对民事责任的性质和方式没有规定，而《民法总则》对此有明确且详细的规定，人民法院在审理案件时，就可以在判决书的说理部分将《民法总则》规定的内容作为解释当时法律规定的参考，并据此作出判决。

二、关于公司纠纷案件的审理

会议认为，审理好公司纠纷案件，对于保护投资安全和交易安全，增强投资创业信心，激发经济活力，具有重要意义。要依法协调好股东、公司、债权人等各种利益主体之间的关系，解决好公司自治与司法介入的关系，处理好公司内部与外部的关系。

（一）关于“对赌协议”的效力

实践中所称的“对赌协议”，是指在股权性融资协议中包含了股权回购或者现金补偿等对未来不确定事项进行交易安排的协议。从签约主体的角度看，有投资方与目标公司的股东或者实际控制人“对赌”，投资方与目标公司“对赌”，投资方与目标公司的股东和目标公司“对赌”等形式。人民法院在审理此类案件时，既要坚持鼓励投资方对实体企业特别是科技创新企业投资原则，从而在一定程度上缓解企业融资难问题；又要贯彻资本维持原则和保护债权人合法权益原则，平衡投资方、公司股东、公司以及公司债权人之间的利益。对于投资方与股东或者实际控制人签订的“对赌协议”的效力，实践中并无争议。有争议的是投资方与目标公司（有时包括与目标公司的股东）签订的“对赌协议”的效力，对此，应当把握如下处理规则：

6.【与目标公司对赌】所谓与目标公司对赌，指的是投资方与目标公司（有时包括目标公司的股东）签订的协议约定，当目标公司在约定期限内未能实现双方预设的目标时，由目标公司按照事先约定的方式回购投资方的股权或者向投资方承担现金补偿义务，或者约定由目标公司的原股东（在投资方入股目标公司后，也可能仍然是股东，也可能不是）向目标公司承担现金补偿义务。如该协议不存在其他影响合同效力的事由的，应认定有效。在对赌失败的情形，关于由目标公司的原股东向目标公司承担现金补偿义务的约定，不存在履行的法律障碍，投资方请求履行的，应予支持。但关于由目标公司回购投资方的股权或者向投资方承担现金补偿义务的约定，投资方请求履行的，能否判决强制履行，则要看是否符合《公司法》关于股份回购或者盈利分配等强制性规定。符合强制性规定的，应予支持。不符合强制性规定，存在法律上不能履行的情形的，则应当根据《合同法》第一百一十条的规定，驳回投资方请求履行上述约定的诉讼请求。例如，投资方请求目标公司收购其股权的，而目标公司一旦履行该义务，就会违反《公司法》第七十四条和第一百四十二条的规定。要不违反《公司法》的上述强制性规定，目标公司就必须履行减少公司注册资本的义务。因此，在目标公司没有履行减资义务的情况下，对投资方有关目标公司收购其股权的请求，就不应予以支持。又如，根据《公司法》第一百六十六条第四款的规定，公司只有在弥补亏损和提取公积金后仍有利润的情况下才能进行分配。投资方请求目标公司承担现金补偿义务的，由于投资方已经是目标公司的股东，如无其他法律关系如借款，只能请求公司分配利润。因此，人民法院应当查明目标公司是否有可以分配的利润。只有在目标公司有可以分配的利润的情况下，投资方的诉讼请求才能得到全部或者部分支持。否则，对投资方请求目标公司向其承担现金补偿义务的，不应予以支持。

（二）关于股东出资加速到期及表决权

7.【股东出资能否加速到期】鉴于在认缴制下股东依法享有期限利益，故对债权人以公司不能清偿到期债务为由，请求未届出资期限的股东在未出资范围内对公司不能清偿的债务承担补充赔偿责任的，人民法院不予支持。但是，存在下列情形的除外：（1）股东恶意延长出资期限以逃避履行出资义务的；（2）股东作为被执行人的案件，因穷尽执行措施无财产可供执行，被人民法院裁定终结本次执行的；（3）人民法院受理公司破产申请的。

8.【表决权应否受到限制】股东认缴的出资未届履行期限，对未缴纳部分的出资是否享有以及如何行使表决权等问题，应当根据公司章程、股东会或者股东大会的决议来确定。公司章程没有规定、股东会或者股东大会也没有作出决议的，从尊重设立公司时股东的真实意思出发，应当按照认缴出资的比例确定股东的表决权。

股东会或者股东大会作出按照实际出资比例行使表决权的决议，未根据约定履行出资义务的股东请求确认该决议无效的，人民法院不予支持。

（三）关于公司股权转让

9.【股权转让合同效力】审判实践中，部分法院对公司法司法解释（四）第二十一条规定的理解存在偏差，往往以保护其他股东的优先购买权为由否定股权转让合同的效力。准确理解该条规定，要秉持兼顾保护其他股东的优先购买权与受让人合法权益的精神，正确认定有限责任公司的股东向股东以外的人转让股权行为的效力。一方面，鉴于其他股东依法享有优先购买权，故在其主张按照股权转让合同约定的同等条件购买股权的情况下，应当支持其诉讼请求，除非出现该条第一款规定的除外情形。另一方面，为保护受让人的合法权益，股权转让合同如无其他影响合同效力的事由的，应当认定合法有效。其他股东行使优先购买权的行为，仅导致受让人不能请求继续履行股权转让合同，但不影响其依约请求转让股东承担相应的违约责任。

10.【公司为股东之间转让股权提供担保的效力】有限责任公司的股东之间相互转让股权，公司与转让股东签订协议，承诺对股权转让款支付承担担保责任，公司根据《公司法》第十六条的有关规定履行了决议程序，如无其他影响合同效力的事由的，应当认定担保合同有效。

（四）关于公司人格否认

公司人格独立是公司法的基本原则，否认公司独立人格只是例外情形。人民法院在审理否认公司人格案件时，应当坚持以下思路：一是慎用。即不能滥用，不轻易否定公司独立人格，否则会动摇公司人格独立和股东有限责任制度的基石。基本要求是只有在符合《公司法》第二十条第三款规定的情况下，才能否定公司人格。二是当用则用。在符合前述法律规定的情况下，要敢于运用该条款，揭开公司面纱。不能因为强调慎用，在遇到案件时就不敢用。三是个案认定。公司人格否认并非彻底否定公司的法人资格，人民法院作出的否认公司人格的判决，原则上仅及于该案当事人，不适用于其后作出的判决。此点与因设立公司不符合设立的条件而彻底否定公司法人资格不同。此外，审理这类案件，一定要把各种因素都考虑到，进行综合判断，而不能仅仅从某一方面考虑。

11.【财务或者财产混同】认定公司人格与股东人格是否存在混同，最根本的判断标准是公司是否具有独立意志和独立利益，最主要的表现是公司的财务或者财产与股东的财务或者财产是否混同，公司的财产是否独立。出现以下情形之一的，可以认定为财务或者财产混同：（1）股东随意无偿调拨公司资金或者财产，不作财务记载的；（2）股东用公司的资金偿还股东个人的债务，或者调拨资金到关联公司，不作财务记载的；（3）公司账簿与股东账簿不分；（4）股东自身收益与公司盈利不加区分，致使双方利益不清；（5）公司的财产记载于股东名下，由股东占有、使用。

在出现财务或者财产混同的情况下，往往同时出现以下混同：公司业务和股东业务混同；公司员工与股东员工混同，特别是财务人员混同；公司住所与股东住所混同。人民法院在审理这类案件时，关键要看是否构成财务或者财产混同，而不要求同时具备其他方面的混同，其他方面的混同往往只是财务混同或者财产混同的补强。

12.【滥用控制行为】公司一旦被某一股东滥用控制权，就不再具有独立意志和独立利益，其独立人格就会沦为道具，如仍然恪守公司独立人格，就会严重损害公司债权人利益，此时应当否认公司人格。在多个关联公司由同一人、夫妻、母子或者家族控制的场合，在认定是否应当否定公司人格时，重点就要考察是否存在滥用控制行为的情形。以下情形，一般可以认定为滥用控制行为：子公司向母公司及其他子公司输送利益；母子公司进行交易，收益归母公司，损失却由子公司承担；先抽逃公司资金或解散公司，再以原设备、场所、人员及相同经营目的另设公司，从而逃避原公司债务。

13.【资本显著不足】资本显著不足包括设立时不足和设立后不足两种情形。公司设立时资本显著不足，是指股东实际投入公司的资本数额与公司经营所隐含的风险相比明显不匹配。资本显著不足，表明股东利用较少资本从事力所不及的经营，没有从事公司经营的诚意，实质是恶意利用公司独立人格和股东有限责任把投资风险转嫁给债权人。由于公司设立时资本显著不足的判断标准有较大的模糊性，特别是不应与公司采取“以小博大”的正常经营方式混淆，因此在适用时应当相当谨慎，应当与其他因素结合起来综合判断，特别要结合公司设立后的资本显著不足这一因素。公司设立后，也可能出现公司资本显著不足的情形，如股东通过明显不合理的分红、明显不合理的高工资等方式抽走资金，导致其经营的事业规模与隐含的风险相比明显不匹配。

14.【诉讼地位】人民法院审理公司人格否认案件，应当根据不同情形确定当事人的诉讼地位：

（一）债权人与公司之间的债务已由生效法律文书确认，债权人另行提起公司人格否认诉讼，要求股东对债务承担连带责任的，列股东为被告，公司为第三人；

（二）债权人就其与公司之间的债务提起诉讼的同时，一并提起公司人格否认诉讼，要求股东承担责任的，列公司和股东为共同被告；

（三）债权人与公司之间的债务尚未经生效法律文书确认，债权人直接提起公司人格否认诉讼，要求股东对债务承担责任的，人民法院应当向债权人释明，追加公司为共同被告。债权人拒绝追加的，裁定驳回起诉。

（五）关于有限责任公司清算义务人的责任

关于有限责任公司股东清算责任的认定，审判实践中部分法院对公司法司法解释（二）第十八条第二款所规定的责任，理解还不够准确，一些案件的处理结果不适当地扩大了股东的清算责任。需要明确的是，司法解释关于有限责任公司股东清算责任所做的规定，是因其怠于履行义务致使公司无法清算所应承担的侵权责任。在认定有限责任公司股东是否应当对债权人承担侵权赔偿责任时，应当注意以下问题：

15.【怠于履行清算义务的认定】怠于履行清算义务的行为，是指有限责任公司股东在法定清算事由出现后，在能够履行清算义务的情况下，因故意拖延、拒绝履行清算义务，或者因过失导致公司清算无法及时顺利进行的行为。股东能够证明其已经为履行清算义务作出了积极努力，未能履行清算义务是由于实际控制公司主要财产、账册、重要文件的股东的故意拖延、拒绝清算行为等客观原因导致的，不能以其怠于履行清算义务为由，让其承担清算责任。

16.【因果关系抗辩】有限责任公司的股东能够证明其未能及时履行清算义务的行为与公司主要财产、账册、重要文件等灭失之间没有因果关系的，应当认定其怠于履行清算义务的行为与公司无法清算并造成债权人的损失之间不存在因果关系，该股东据此抗辩不应承担赔偿责任的，人民法院应当予以支持。

17.【诉讼时效】债权人以公司未及时清算、无法清算为由主张清算义务人承担民事赔偿责任的诉讼时效，自债权人知道或者应当知道公司法定清算事由出现之日起第15日后开始起算。

（六）关于公司为他人提供担保

关于公司为他人提供担保的合同效力问题，实践中裁判尺度不统一，严重影响了司法公信力，有必要予以统一。对此，要把握以下几点：

18.【违反公司法第十六条构成越权代表】《公司法》第十六条为防止法定代表人随意代表公司对外提供担保给公司造成损失，损害中小股东利益，对法定代表人的代表权进行了限制。这意味着担保行为不是法定代表人所能单独决定的事项，而必须以公司股东会或者股东大会、董事会等公司机关的决议作为授权的基础和来源。从体系解释的角度而言，法定代表人未经授权，自然构成无权代表，应适用《合同法》第五十条关于法定代表人越权代表的规定来认定担保合同的效力。

19.【表见代表情况下不影响担保合同对公司发生效力】根据《民法总则》第六十一条及《合同法》第五十条的规定，在债权人系善意，法定代表人的行为构成表见代表的情况下，法定代表人越权与债权人签订担保合同，对公司仍发生法律效力，公司以法定代表人越权为由提出的抗辩不能得到支持。这里所称的善意，是指债权人不知道或者不应当知道法定代表人越权签订担保合同。《公司法》第十六条对关联担保和非关联担保的决议机关作了区别规定，因此对善意的判断亦应有所区别。一种情形是，为公司股东、实际控制人等与公司有关联关系的主体提供担保，《公司法》第十六条明确规定须由股东会或者股东大会决议，未经股东会或者股东大会决议，构成越权代表。因此，债权人主张担保合同对公司发生效力，应提供证据证明其在订立合同时对股东会或者股东大会决议进行了审查，决议所记载的内容符合《公司法》第十六条的规定，即在排除被担保股东表决权情况下，二分之一以上股东表决同意。债权人能够提供上述证明的，应认定构成善意。另一种情形是，公司为不具有关联关系的其他主体提供担保，《公司法》第十六条规定，由公司章程规定是董事会决议还是股东会或者股东大会决议。无论章程是否对决议机关作了规定，也无论章程规定决议机关为董事会还是股东会或者股东大会，由于《民法总则》第六十一条规定，公司章程及公司机关对法定代表人代表权的限制，不得对抗善意相对人，因此，只要债权人能够证明其在签订担保合同时对董事会决议或股东会、股东大会决议的二者之一进行了审查，且决议记载内容符合《公司法》第十六条的规定，即可认定债权人善意。但是，公司能够证明债权人明知公司章程对决议机关有明确规定的除外。

上述两种情况对机关决议内容的审查一般限于形式审查，只要求尽到必要的注意义务，标准不宜太过严苛。公司以机关决议系法定代表人伪造或变造、决议形式程序违法、签章（名）不实、担保金额超过法定限额等事由抗辩的，人民法院不应支持。当然，公司能够证明债权人明知上述情形的，债权人显非善意。

20.【公司担保意思的推定】实践中存在下列情形的，即便没有公司机关决议，也应当认定担保合同符合公司的真实意思表示，从而认定担保合同有效：（1）公司是以为他人提供担保为主营业务的担保公司，或者是开展独立保函业务的银行和非银行金融机构；（2）公司与主债务人之间存在着相互担保等商业合作关系；（3）公司为其直接或间接控制的公司开展经营活动向债权人提供担保；（4）为他人（不包括股东或实际控制人）提供担保的行为，由持有公司50%以上表决权的股东单独或共同实施。

21.【越权代表的法律后果】法定代表人越权提供担保未经公司追认且不构成表见代表，债权人主张由法定代表人承担相应责任的，应当参照《民法总则》第一百七十一条的规定，确定法定代表人的责任。债权人在订立担保合同时知道或者应当知道法定代表人越权代表的，债权人和法定代表人按照各自的过错承担责任。

上述情况下，公司是否承担民事责任，有两种意见。

第一种意见：公司承担选任、监督法定代表人的过错责任，其承担民事责任的部分，不应超过债务人不能清偿部分的1/3。但是，债权人与法定代表人恶意串通、债权人知道或者应当知道法定代表人越权、债权人与法定代表人此前签订担保合同时曾经审查过法定代表人有无代表权而本次没有审查的，公司不承担民事责任。

第二种意见：参照《民法总则》第一百七十一条的规定，公司不承担民事责任。

（七）关于股东代表诉讼

22.【何时成为股东不影响其起诉】股东提起股东代表诉讼，被告以行为发生时原告尚未成为公司股东，并据此抗辩该股东不是适格原告的，人民法院不予支持。

23.【股东提起代表诉讼的前置程序】根据《公司法》第一百五十一条第

二款的规定，股东提起代表诉讼的前置程序之一就是，股东必须先书面请求公司有关机关向人民法院提起诉讼。在公司机关收到股东书面申请后拒绝提起诉讼，或者自收到请求之日起三十日内未提起诉讼的，股东才可以自己名义直接起诉。审判实践中，有的法院对这一前置性规定把握过苛，没有正确理解该条立法的目的和意义，无论案件的具体情况如何，在股东没有向公司机关提出书面申请的情况下，就以此为由驳回股东的起诉。这一做法应予纠正。

《公司法》该条设定前置程序的主要目的和意义，在于促使公司内部治理结构充分发挥作用，以维护公司的独立人格、尊重公司的自主意志以及防止股东滥用诉权、节约诉讼成本。根据该条款的文字内容和生活常理，应当认为《公司法》规定的该项前置程序所针对的是公司治理形态的一般情况，即在股东向公司有关机关提出书面申请之时，后者是否会依股东的请求而提起诉讼尚处于不定状态，也即存在公司有关机关依股东申请而提起诉讼的可能性。如果根本不存在这种可能性，法律就不应要求股东徒为毫无意义之行为，对于股东申请无益即客观事实足以表明根本不存在前述可能性的情况，就应理解为不是《公司法》第一百五十一条的本意。在此情况下，人民法院不应仅以股东没有向公司机关提出书面申请为由，就驳回股东的起诉。

24.【股东代表诉讼的反诉】股东依据《公司法》第一百五十一条第三款的规定提起股东代表诉讼后，被告以原告股东恶意起诉侵犯其合法权益为由提出反诉的，人民法院应当受理。股东依据《公司法》第一百五十一条第三款的规定提起股东代表诉讼后，被告以公司在涉案纠纷中应当承担侵权或者违约等责任为由对公司提出的反诉，因不符合反诉的要件，人民法院应当裁定不予受理；已经受理的，裁定驳回起诉。

25.【股东代表诉讼的调解】公司是股东代表诉讼的最终受益人，为避免因原告股东与被告通过调解损害公司利益，有必要对股东代表诉讼中的调解进行限制。为此，有必要规定调解协议只有经公司股东会或者股东大会、董事会会议决议通过后才能生效。至于具体应由何种机关决议，则取决于公司章程如何规定。

（八）其他问题

26.【股权代持情况下实际出资人的责任】公司债权人以名义股东未履行或者未完全履行出资义务为由，请求实际出资人在未出资范围内对公司债务不能清偿的部分承担责任，其提供的股权代持协议等证据如足以证明名义股东仅是代实际出资人持股的，根据权利义务相一致的原则，人民法院应予支持。

27. 【请求召开股东会】《公司法》第四十条和第一百零一条分别对有限责任公司和股份有限公司召开股东会或者股东大会的程序作出了规定。公司召开股东会或者股东大会本质上属于公司内部治理问题。股东请求判令公司召开股东会或者股东大会的，人民法院应当告知其按照上述法律规定的程序自行召开股东会或者股东大会。股东坚持起诉的，人民法院应当裁定不予受理；已经受理的，裁定驳回起诉。

三、关于合同纠纷案件的审理

会议认为，合同是市场化配置资源的主要方式，合同纠纷也是民商事纠纷的主要类型。人民法院在审理合同纠纷案件时，要坚持鼓励交易原则，充分尊重当事人的意思自治。要依法认定合同效力，慎重认定合同无效。要根据诚实信用原则，合理解释合同条款、确定履行内容、决定应否解除以及如何承担责任，合理确定当事人的权利义务关系，审慎适用合同解除制度，依法调整过高的违约金，强化对守约者诚信行为的保护力度，提高违法违约成本，促进诚信社会构建。

（一）关于合同效力

人民法院在审理合同纠纷案件过程中，要依职权审查合同是否存在无效的情形，注意无效与可撤销、未生效、效力待定等欠缺有效要件的合同效力形态之间的区别，准确认定合同效力。要通过课予当事人报批义务等方式，促成未生效合同生效。要根据解决纠纷的要求，确定未生效、效力待定、可撤销等合同的终局效力，避免案结事不了现象的发生。

28. 【违反法律、行政法规的强制性规定无效】在认定合同是否因违反《民法总则》第一百五十三条规定的法律、行政法规的强制性规定而无效时，要在考察规范性质以及规范对象基础上，兼顾权衡所保护的法益类型、违法性程度以及交易安全保护等因素。下列合同，一般可以违反法律、行政法规的强制性规定为由认定无效：交易行为本身违法，如赌博、洗钱行为；交易标的违法，如器官、毒品、枪支等的买卖；违反特许经营规定，如职业放贷人签订的合同；交易方式严重违法，如违反招投标等竞争性缔约方式签订的合同。违反法律、行政法规关于经营范围、交易场所、交易时间、交易数量等强制性规定的合同，一般不应认定无效。

29.【违反公共秩序无效】违反规章、监管政策等规范性文件的合同，不应认定无效。违反规章、监管政策同时导致违反公共秩序的，人民法院应当认定合同无效。人民法院在认定是否违反公共秩序时，可以从规范内容、监管强度以及法律后果等方面进行考量，并在裁判文书中进行充分说理。

30.【合同不成立、无效或者被撤销的法律后果】《合同法》第五十八条就合同无效或者被撤销时的财产返还责任和损害赔偿责任作了规定，但未规定合同不成立的法律后果。考虑到合同不成立也可能发生财产返还和损害赔偿责任问题，故应当参照适用该条的规定。在确定合同不成立、无效或者被撤销后的返还责任或者折价补偿范围时，总的原则是，要根据诚实信用原则的要求，在当事人之间合理分配责任，不能使不诚信的当事人因合同不成立、无效或者被撤销而获益。

31.【财产返还与折价补偿】合同不成立、无效或者被撤销后，在确定财产返还责任时，要充分考虑财产增值或者贬值的因素，在当事人之间合理分配责任。双务合同不成立、无效或者被撤销后，双方因该合同取得财产的，应当相互返还。应予返还的股权、房屋等财产相对于合同约定价款出现增值或者贬值的，人民法院要综合考虑市场因素、受让人的经营或者添附等行为与财产增值或者贬值之间的关联性，在当事人间合理分配或者分担责任，否则就会出现一方因合同不成立、无效或者被撤销而获益的情形，有违公平原则。在标的物已经灭失或者转售他人的情况下，当事人不能主张返还原物，但可主张折价补偿。折价时，应当以当事人交易时约定的价款为基础，再考虑当事人在标的物灭失或转售时的获益情况综合确定补偿标准。标的物灭失时当事人获得的保险金或者其他赔偿金，转售时取得的对价，均属于当事人因标的物而获得的利益。对获益高于或者低于价款的部分，也应在当事人间合理分配或者分担。

32.【价款返还】双务合同不成立、无效或者被撤销时，标的物返还与价款返还互为对待给付，双方应当同时返还，在一方未返还标的物之前，另一方有权拒绝返还价款。只有在一方已经返还标的物的情况下，另一方才可以请求返还价款。关于应否支付利息问题，在双务合同中，只要一方对标的物有使用情形的，理论上就应当支付使用费，该笔费用可与占有资金一方理论上应当支付的资金占用费相互抵销，故在一方返还原物前，另一方仅须支付本金，而无须支付利息。在单务合同如借款合同无效的情况下，应当返还利息。

33.【财产返还和损害赔偿】合同不成立、无效或者被撤销时，仅返还财产不足以弥补损失，当事人可以同时向有过错的一方请求损害赔偿。在确定损害赔偿范围时，既要根据当事人的过错程度合理确定责任，又要考虑在确定财产返还范围时已经考虑过的财产增值或者贬值因素，避免当事人双重获利或者双重受损。在确定赔偿标准时，鉴于该责任性质上属于缔约过失责任，故其赔偿的是信赖利益损失，原则上不能参照合同约定来确定，其标准也不得超过合同有效情况下可得利益的范围。只有在极少数的特殊情况下，才可以参照有效合同来确定损失，如建设工程施工合同尽管被认定无效，但工程竣工验收合格，承包人请求参照合同约定支付价款的，人民法院应予支持。

34.【合同无效的程序保障】在双务合同中，原告起诉请求确认合同有效并请求继续履行合同，被告主张合同无效；或者原告诉请确认合同无效并返还财产，而被告主张合同有效的，都要防止机械适用“不告不理”的原则，仅就当事人的诉讼请求进行审理。而应适度发挥司法的能动性，向原告释明变更或者追加诉讼请求，或者向被告释明提出抗辩或者反诉，尽可能一次性解决纠纷。例如原告请求确认合同无效，但并未提出返还原物或者折价补偿、赔偿损失等请求的，人民法院应当向其释明，告知其一并提出相应请求；原告请求确认合同无效并要求被告返还原物或者赔偿损失，被告基于合同也有给付行为，在案件审理中被告认可合同无效的，人民法院同样应向其释明，告知其可根据恢复原状原则提出反诉或抗辩。当然，根据“举重以明轻”的原则，如果被告在案件审理中提出合同有效的抗辩，自然应理解为如果合同被认定无效则会主张相应的法律后果，故人民法院应依职权认定合同无效的相关事实以及法律后果，并在判项中就合同无效的法律后果作出裁判。一审法院未予释明，二审法院认为应当对合同不成立、无效或者被撤销的法律后果作出判决的，可以直接释明并改判。当然，如果返还财产或者赔偿损失的范围确实难以确定或者双方争议较大的，也可以告知当事人通过另行起诉等方式解决，并在裁判文书中予以明确。

35.【未经批准的合同的效力】民商事审判中存在大量的合同需要批准的情形，如《商业银行法》《证券法》《保险法》等法律都有购买商业银行、证券公司、保险公司百分之五以上股权须经相关主管部门批准的规定。法律、行政法规规定某一类合同应当办理批准后才能生效的，批准是合同的法定生效条件，未经批准的合同因欠缺法定生效条件而未生效。合同未生效，并不意味着没有任何效力，其效力主要表现在以下几个方面：一是具有形式拘束力。此时合同已经依法成立，任何一方当事人都不得擅自变更合同。二是不具有实质拘束力。合同未生效属于欠缺生效要件的合同，有别于有效合同，一方不能直接请求另一方履行合同或者承担该合同约定的违约责任。当事人请求履行合同、承担合同约定的违约责任的，人民法院应当向其释明，告知其将诉讼请求变更为继续履行报批义务。经释明后当事人仍拒绝变更诉讼请求的，可以驳回其诉讼请求。三是可以通过办理批准手续促成合同生效。未生效合同仍有通过办理批准手续而趋于有效的可能，故也不同于无效合同。当事人直接请求确认合同无效的，人民法院不予支持。

36.【报批义务及相关条款独立生效】批准生效的合同一经成立，有关报批义务及未履行报批义务的违约责任等相关条款的约定就独立生效。报批义务人拒不履行报批义务，如果合同专门针对报批义务约定违约责任的，相对人有权请求不履行报批义务的一方承担该特别约定项下的违约责任。当事人以整个合同因未履行报批义务为由，主张报批义务及未履行报批义务的违约责任等相关条款未生效的，人民法院不予支持。

37.【不履行报批义务的后果】一方请求履行报批义务的，人民法院可以依法判令另一方履行报批义务。报批义务人根据生效判决履行报批义务后，有关部门未予批准的，合同确定不生效；报批义务人拒不履行生效判决确定的报批义务的，当事人可以另行起诉，请求赔偿包括差价损失、合理收益以及其他损失在内的预期利益损失的，人民法院应予支持。

报批义务人拒绝根据约定履行报批义务，经催告后在合理期限内仍不履行报批义务，另一方请求赔偿因未履行报批义务而造成的实际损失的，人民法院应予支持。

38.【盖章行为的法律效力】司法实践中，有些公司有意搞两套甚至多套公章，有的法定代表人或者负责人私刻公章或恶意加盖假章，发生纠纷后法人以加盖的是假公章为由否定合同效力的情形并不鲜见。人民法院在审理此类案件时，应当把握“看人不看章”的原则，主要考察盖章之人于盖章之时有无代表权或者代理权，从而根据代表或者代理的相关规则来确定合同的效力。

法定代表人在合同上加盖法人公章的行为，表明其是以法人名义对外从事行为，除《公司法》第十六条等法律对其职权有特别规定的情形外，应当由法人承担相应的法律后果。法人以法定代表人事后已无代表权、加盖的是假章、所盖之章与备案公章不一致等为由否定合同效力的，人民法院不予支持。

代理人以被代理人名义从事行为，要取得合法授权。代理人取得合法授权后，以被代理人名义对外从事行为，应由被代理人承担责任，被代理人以代理人事后已无代理权、加盖的是假章、所盖之章与备案公章不一致等为由否定合同效力的，人民法院不予支持。行为人以加盖假章形式冒充有合法授权的，对被代理人不发生效力。

39.【撤销权的行使】与人民法院可以依职权认定合同无效不同，撤销权只能由撤销权人向人民法院提出。至于提出的方式，可以是提起诉讼或者反诉，也可以是提出抗辩。在当事人以合同具有可撤销事由提出抗辩的情况下，人民法院要在审查合同是否具有可撤销事由以及除斥期间是否届满等事实的基础上对撤销权是否成立作出判断，不能仅以当事人未提起诉讼或者反诉为由就不支持其抗辩。

（二）关于合同权利义务消灭与非违约方的救济

履行抗辩权、合同解除、违约责任都是非违约方寻求救济的方式。其中，履行抗辩权是防御性的权利，当事人可以据此拒绝自己的履行，并阻却违约；当事人同时还可在符合条件的情况下请求解除合同，并请求违约方承担违约责任。人民法院在认定合同应否解除时，要区别不同情形，分别予以处理。在确定违约责任时，尤其要注意依法适用违约金调整的相关规则，避免民间借贷利率标准的泛化。

40.【抵销】抵销权既可以通知的方式行使，也可以提出抗辩或者提起反诉的方式行使。抵销的意思表示自到达对方时生效，抵销一经生效，其效力溯及自抵销条件成就之时，双方互负的债务在同等数额内消灭。双方互负的债务数额，是截至抵销条件成就之时各自负有的包括主债务、利息、违约金、赔偿金等在内的全部债务数额。行使抵销权一方享有的债权不足以抵销全部债务数额，当事人对抵销顺序又没有特别约定的，应当根据实现债权的费用、利息、主债务的顺序进行抵销。

41.【履行期届满后达成的以物抵债】当事人在债务履行期限届满后达成以物抵债协议，抵债物尚未交付债权人，债权人请求交付抵债物或者办理权属变更登记，以物抵债协议不存在合同无效事由的，人民法院应予支持。人民法院在审查以物抵债协议效力时，要注重审查是否存在恶意损害第三人合法权益等情形，避免虚假诉讼的发生。

42.【履行期届满前达成的以物抵债】当事人在债务履行期届满前达成以物抵债协议，抵债物尚未交付债权人，债权人请求债务人交付抵债物或者办理权属变更登记的，人民法院应当向其释明，告知其根据原债权债务关系提起诉讼。经释明后当事人仍拒绝变更诉讼请求的，可以驳回其诉讼请求。

抵债物已经交付债权人或者已经办理权属变更登记的，以物抵债协议性质上属于让与担保，可以参照《物权法》抵押权或者质权实现的相关规定处理。

43.【诉讼中达成的以物抵债】当事人在诉讼中达成以物抵债协议，人民法院应当建议当事人申请撤诉。当事人不申请撤诉，要求法院制作调解书的，人民法院不予支持，并对当事人之间的债权债务关系继续审理。

44.【和解协议】当事人因达成和解协议而撤诉后，一方不履行和解协议的，另一方可以向有管辖权的人民法院提起诉讼，请求履行和解协议。有生效法律文书的，另一方也可以申请恢复执行原生效法律文书，如在二审阶段因达成和解协议而撤回上诉，一方不履行和解协议的，另一方也可以申请恢复执行已经生效的一审判决。

45.【守约方通知解除】《合同法》第九十六条规定的解除，指的是有法定或者约定解除权的解除。人民法院在审理相关案件时，要审查通知解除方是否享有约定或者法定的解除权来决定合同应否解除，不能仅以受通知一方在约定或者法定的异议期限届满后未起诉表示异议这一事实就认定合同已经解除。要根据诚实信用原则，并结合合同性质、合同目的以及交易习惯来确定约定或者法定的解除条件是否成就，理解确定相关条款的意思。

46.【违约方起诉解除】违约方原则上不得请求解除合同，但在某些长期性合同如房屋租赁合同中，一概不允许违约方解除合同也对其不公。同时符合下列条件，违约方请求人民法院解除合同的，人民法院可以判决解除合同：一是违约方不存在恶意违约的情形，二是继续履行合同将给违约方自身造成重大损害。违约方请求解除合同，不影响其承担违约责任。

47.【不得请求强制履行场合的合同解除】当出现《合同法》第一百一十条规定的除外情形，即一方不得要求另一方强制履行时，双方均可根据《合同法》第九十四条第五项之规定，通过起诉方式请求解除合同。一方请求继续履行合同的，人民法院不予支持。

48.【合同解除的时间】人民法院在判令合同解除时，应当对合同解除的时间作出认定。当事人因行使解除权而解除合同的，从解除通知到达对方之日起解除。当事人直接以起诉方式解除合同，经人民法院确认原告确有解除权的，合同从起诉状副本送达对方之日起解除，当事人以未向其发出解除通知为由提出抗辩的，人民法院不予支持。违约方诉请解除合同以及因出现《合同法》第一百一十条规定的除外情形而解除合同的，人民法院应当综合相关事实在裁判文书中确定合同解除的时间。

49.【合同解除的法律后果】合同解除后，尚未履行的部分，终止履行。已经履行的部分，要通过返还财产或者折价补偿等方式恢复到缔约前的状态；对于不能恢复到缔约前状态的合同，如以使用标的物为内容的租赁合同、借贷合同，以及溯及既往可能会影响交易秩序的合同如委托合同，应当认为合同解除仅向将来发生效力，不具有溯及力。

合同解除不影响合同中有关违约金、约定损害赔偿、定金责任等违约责任条款的效力。人民法院在确定违约责任的范围时，应当坚持保护守约方利益以及对违约方进行制裁的原则。

双务合同解除涉及的相关程序问题，参照本纪要第40条合同不成立、无效或者被撤销时的有关规则处理。

50.【违约金过高标准及举证责任】认定约定违约金是否过高，一般应当以《合同法》第一百一十三条规定的损失为基础进行判断，这里的损失包括合同履行后可以获得的利益。除借款合同外的双务合同，作为对价的价款或者报酬给付之债，并非借款合同项下的还款义务，不能以民间借贷利率上限作为判断违约金是否过高的标准，而应当以中国人民银行公布的相关利率标准为基础，兼顾合同履行情况、当事人过错程度以及预期利益等因素综合确定。违约方应当对违约金是否过高承担初步的举证责任。

（三）关于借款合同

人民法院在审理借款合同纠纷案件过程中，要根据金融服务实体经济原则，切实按照降低实际融资利率水平的要求，区别对待金融借贷与民间借贷，并适用不同规则与利率标准。依法否定高利转贷行为、职业放贷行为的效力，充分发挥司法的规范、引导作用，促进金融和实体经济实现良性循环。

51.【变相利息的规制】金融借款合同中，借款人认为金融机构以服务费、咨询费、顾问费、管理费等为名变相收取利息，金融机构或者由其指定的人收取的相关费用不合理的，人民法院可以根据提供服务的实际情况确定出借人应否支付或者酌减相关费用。

52.【高利转贷行为的规制】民间借贷中，出借人的资金必须是自有资金。出借人套取金融机构信贷资金又高利转贷给借款人的民间借贷行为，既增加了融资成本，又扰乱了信贷秩序，根据《最高人民法院关于审理民间借贷案件适用法律若干问题的规定》第十四条第一项的规定，应当认定此类民间借贷行为无效。人民法院在适用该条规定时，应当注意把握以下几点：一是要审查出借人的资金是否来源于银行信贷资金。有银行授信的出借人从事民间借贷行为的，一般可以推定为套取信贷资金；二是从宽认定“高利”转贷行为的标准，只要出借人通过转贷行为牟利的，就可以认定为是高利转贷行为；三是高利转贷行为的危害性在于该行为本身，对借款人对高利转贷行为事先是否知道或者应当知道要件，可以从宽把握认定标准。

53.【职业放贷的规制】未依法取得放贷资格的以民间借贷为业的法人，以及以民间借贷为业的非法人组织或者自然人从事的民间借贷行为，应当依法认定无效。同一出借人在一定期间内多次从事有偿民间借贷行为的，一般可以认定为是职业放贷人。民间借贷比较活跃的地方的高级人民法院或者经其授权的中级人民法院，可以根据本地区的实际情况制定具体的认定标准。

四、关于担保纠纷案件的审理

会议认为，要注意《担保法》及其司法解释与《物权法》对独立担保、混合担保、担保期间等有关制度的不同规定，根据新的规定优于旧的规定的法律适用规则，优先适用《物权法》的规定。从属性是担保的基本属性，要慎重认定独立担保行为的效力，将其严格限定在法律或者司法解释明确规定的情形。要根据区分原则，准确认定担保合同效力。要坚持物权法定、公示公信原则，区分不动产与动产担保物权在物权变动、效力规则等方面的异同，准确适用法律。要充分发挥担保在缓解融资难融资贵问题中的积极作用，不轻易否定新类型担保、非典型担保的合同效力。

（一）关于担保的一般规则

54.【独立担保】从属性是担保的基本属性，除由《最高人民法院关于审理独立保函纠纷案件若干问题的规定》调整的由银行和非银行金融机构出具的独立保函外，其他主体出具的独立保函一律无效。判断独立保函的效力主要看其开立人是否为银行或者非银行金融机构，不问其适用领域是国内交易还是涉外商事交易。当事人在国内交易中适用独立保函，一方当事人以独立保函不具有涉外因素为由主张独立保函无效的，人民法院不予支持。

当事人在担保合同中约定，其提供的担保不因主合同无效而无效的，此类约定因不符合担保的从属性而无效。该约定无效不影响整个担保合同的效力：主合同有效的，担保人仍应根据担保合同的约定承担担保责任；主合同无效导致担保合同无效的，应视担保人有无过错来确定其应否承担民事责任。

55.【担保责任的范围】担保人承担的担保责任范围不能大于主债务，是担保从属性的必然要求。当事人约定的担保责任的范围大于主债务的，如针对担保责任约定专门的违约责任、担保责任的数额高于主债务、担保责任约定的利息高于主债务利息、担保责任的履行期先于主债务履行期届满，等等，均应当认定大于主债务部分的约定无效，从而使担保责任缩减至主债务的范围。

56.【混合担保的处理】被担保的债权既有保证又有第三人提供的物的担保的，担保法司法解释第三十八条明确规定，承担了担保责任的担保人可以要求其他担保人清偿其应当分担的份额。《物权法》第一百七十六条对此并未作明确规定，但全国人大法工委主编的《物权法释义》明确表示，担保人之间不能相互追偿。据此，承担了担保责任的担保人只能向债务人追偿，不能向其他担保人追偿，除非担保人在担保合同中约定可以相互追偿。

57.【借新还旧的担保责任】贷款到期后，借款人与贷款人签订新的借款合同，将新贷出的款项用于归还旧贷，旧贷因清偿而消灭，其上的担保物权也随之消灭。贷款人以担保人尚未进行涂销登记为由，主张担保人仍应承担相应的担保责任的，人民法院不予支持，但当事人约定原担保继续有效的除外。

58.【最高债权额的认定】最高额抵押、最高额保证中的最高债权额，是指包括主债权、利息、违约金、损害赔偿金、保管担保财产、实现债权费用等在内的全部债权。

59.【主债权诉讼时效届满的法律后果】抵押权、权利质权等以登记作为公示方法的担保物权，担保物权人应当在主债权的诉讼时效期间内行使担保物权。债权人在主债权诉讼时效届满后仍未行使担保物权及相关权利，担保人请求确认担保物权消灭、涂销担保物权登记的，人民法院应予支持。

（二）关于不动产担保物权

60.【未办理登记的不动产抵押合同的效力】不动产抵押合同有效成立后，未办理抵押登记手续的，抵押权未有效设立，但债权人可以请求抵押人办理抵押登记手续。抵押人因怠于履行办理登记义务、抵押物灭失以及抵押物转让他人等原因不能办理抵押登记的，应承担相应的责任，该项责任以抵押合同成立时抵押物的价值为限。债权人怠于履行协助义务的，可以减轻甚至免除抵押人的责任。抵押合同是主合同的从合同，在当事人并未约定抵押人与债务人承担连带责任的情况下，抵押人仅在债务人不能清偿的范围内承担补充责任。债权人请求抵押人承担连带责任的，人民法院不予支持。

61.【房地分离抵押】“房随地走、地随房走”是我国《物权法》及相关法律的基本规则。但实践中，建筑物和建设用地使用权分离抵押的情形也不鲜见，主要包括建筑物或者建设用地使用权仅一项财产设定抵押，以及建筑物或者建设用地使用权分别抵押给两个不同的债权人两种情形。不论何种情形，根据《物权法》第一百八十二条之规定，在当事人对抵押财产未作特别约定的情况下，应当认为房地一并抵押。也就是说，仅以建筑物设定抵押的，抵押权的效力及于其占用范围内的建设用地使用权；仅以建设用地使用权设定抵押的，抵押权的效力也及于其上的建筑物；建筑物或者建设用地使用权分别抵押给两个不同的债权人的，两个抵押权均属合法有效，其抵押范围均包括建设用地使用权和建筑物。在房地分别抵押场合，应当依照《物权法》第一百九十九条之规定确定清偿顺序：登记在先的先清偿；同时登记的，按照债权比例清偿。但《物权法》第一百八十二条允许当事人对担保财产作出特别约定，如抵押合同仅以建设用地使用权设定抵押，并且明确约定不包括其上建筑物的，应当认为抵押权仅及于建设用地使用权；反之亦然。

62.【权属不明财产、被查封财产抵押】根据区分原则，以权属争议不明的财产、被查封的财产或者海关监管期内的财产等设定抵押的，不影响抵押合同的效力。因不能实现抵押权给债权人造成损失的，债权人可以依据抵押合同的约定请求抵押人承担违约责任。

63.【抵押权随主债权转让】抵押权是从属于主合同的从权利，根据“从随主”规则，债权转让的，除法律另有规定或者当事人另有约定外，担保该债权的抵押权一并转让。受让人向抵押人主张行使抵押权，抵押人以受让人不是抵押合同的当事人、未办理变更登记等为由提出抗辩的，人民法院不予支持。

（三）关于动产担保物权

64.【流动质押的设立与监管人的责任】在流动质押中，经常由质权人、出质人与监管人签订三方监管协议，此时要根据实际的权利义务关系来确定监管人究竟是受质权人的委托还是受出质人的委托来监管质物。如果监管人系受质权人的委托监管质物，则其是质权人的间接占有人，应当认定完成了质物交付，质权有效设立。监管人违反监管协议约定，违规向出质人放货、因保管不善导致质物毁损灭失的，质权人有权请求监管人承担违约责任。

如果监管人系受出质人委托监管质物的，表明质物并未交付质权人，应当认定质权未有效设立。监管合同尽管约定由监管人监管质物，但质物实际上仍由出质人管领控制的，也应当认定质物并未实际交付，质权未有效设立。

65.【浮动抵押的效力】企业将其现有的以及将有的生产设备、原材料、半成品及产品等财产设定浮动抵押后，又将其中的生产设备等部分财产设定了动产抵押，两个抵押都办理了登记的，根据《物权法》第一百九十九条的规定，登记在先的浮动抵押优先于登记在后的动产抵押受偿。

66.【动产抵押权与质权竞存】同一动产上同时设立质权和抵押权的，应当类推适用《物权法》第一百九十九条之规定，根据是否完成公示以及公示先后情况来确定清偿顺序：质权和抵押权均完成公示的，按照公示先后确定清偿顺序；抵押权未办理抵押登记的，质权优先于抵押权。担保法司法解释第七十九条不再适用。

（四）关于新类型担保与非典型担保

67.【担保关系的认定】当事人之间通过合同设定的具有担保功能的权利义务关系，虽不属于《担保法》《物权法》规定的典型担保类型，但并不存在《合同法》第五十二条规定的合同无效情形的，应当认定合同有效。

68.【担保物权的认定】债权人与担保人订立担保合同，约定以法律、行政法规未禁止设定抵押或者质押的财产或者财产性权利设定担保，因无明确的抵押登记机构而未能进行抵押登记的，不具有物权效力。当事人请求按照担保合同的约定就担保财产折价、变卖或者拍卖所得价款等方式清偿债务的，人民法院应予支持。

69.【保兑仓交易的性质和效力】保兑仓交易是指以银行信用为载体、以银行承兑汇票为结算工具、由银行控制货权、卖方（或者仓储方）受托保管货物并以承兑汇票与保证金之间的差额作为担保措施的一种新类型融资担保方式。其基本的交易流程是：卖方、买方和银行签订三方合作协议，其中买方向银行缴存一定比例的承兑保证金，银行向买方签发以卖方为收款人的银行承兑汇票，买方将银行承兑汇票交付卖方作为货款，银行根据买方缴纳的保证金的一定比例向卖方签发提货单，卖方根据提货单向买方发货，买方销售货物后，将货款再缴存为保证金。在买方违约的情况下，卖方就保证金与承兑汇票之间的差额部分承担连带责任。

保兑仓交易以买卖双方有真实的交易关系为前提，其中，买方与卖方之间是买卖合同关系，买方与银行之间是借款合同关系，卖方与银行之间是担保关系。如果买卖双方并无真实的货物买卖关系，则该交易属于名为保兑仓交易实为借款合同的行为，要看银行是否知情来判断合同效力。如果银行对双方并无真实买卖关系知情的，表明其并未受到欺诈，此时保兑仓交易、买卖双方之间的货物买卖关系均因构成虚伪意思表示而无效，被隐藏的借款合同是当事人的真实意思表示，如不存在其他合同无效情形的，应当认定合同有效。将保兑仓交易认定为借款合同关系，不影响卖方和银行之间担保关系的效力，卖方仍应承担担保责任。反之，如果银行对此不知情的，一般可以认定其因受到欺诈而享有撤销权，并视其是否行使撤销权而作不同处理。

70.【保兑仓交易的司法救济】债权人就保兑仓交易中的不同法律关系的相对方分别向同一法院起诉，可以根据民事诉讼法司法解释第二百二十一条的规定，合并审理。债权人同时向同一法院起诉，请求债务人、担保人、仓储人承担相应责任的，也可以一并审理。当事人未起诉某一方当事人的，人民法院可以依职权追加未参加诉讼的当事人为第三人，以便查明相关事实、正确认定责任。

71.【让与担保】债务人或者第三人通过将动产、不动产或者股权等财产转让至债权人名下的方式，为主合同项下的债务提供担保的，该合同有效。作为担保财产的动产已经实际交付债权人，或者不动产、股权等已经进行变更登记的，可以参照动产质权、不动产抵押权以及股权质押的相关规定确定当事人间的权利义务关系。

在债务人不履行到期债务或者出现约定的事由时，债权人主张享有动产、不动产所有权或者股权的，人民法院不予支持，但其与债务人事后就动产、不动产或者股权达成折价或者回购协议的除外。债务人请求人民法院参照《民事诉讼法》“实现担保物权案件”的相关规定，拍卖、变卖动产、不动产或者股权的，人民法院应予支持。

五、关于金融消费者权益保护纠纷案件的审理

会议认为，在审理发行人、销售者以及服务提供者（以下简称卖方机构）与金融消费者之间因销售各类高风险权益类金融产品和为金融消费者参与高风险投资活动提供服务而引发的民商事案件中，必须坚持“卖者尽责、买者自负”原则，将金融消费者是否充分了解相关金融产品、投资活动的性质及风险并在此基础上形成自主决定作为应当查明的案件基本事实，依法保护金融消费者的合法权益，规范卖方机构的经营行为，培育理性的金融消费文化，推动形成公开、公平、公正的市场环境和市场秩序。

72.【明确法律适用规则】卖方机构对金融消费者负有适当性义务，该义务性质上属于《合同法》第六十条第二款规定的先合同义务。卖方机构未尽适当性义务导致金融消费者损失的，应当根据《合同法》第四十二条第三项之规定承担赔偿责任。

在确定卖方机构适当性义务的内容时，应当以《合同法》《证券法》《证券投资基金法》《信托法》等法律规定的基本原则和国务院发布的规范性文件作为主要依据。相关部门在部门规章、规范性文件中对银行理财产品、保险投资产品、信托理财产品、券商集合理财计划、杠杆基金份额、期权及其他场外衍生品等高风险金融产品的推介、销售，以及为参与融资融券、新三板、创业板、科创板、期货等高风险投资活动提供服务作出的监管规定，与法律和国务院发布的规范性文件的规定不相抵触的，可以参照适用。

73.【依法确定责任主体】卖方机构未尽适当性义务，导致金融消费者在购买金融产品或者接受金融服务过程中遭受损失的，金融消费者既可以请求金融产品的发行人承担赔偿责任，也可以请求金融产品的销售者承担赔偿责任，还可以请求金融产品的发行人、销售者共同承担连带赔偿责任。发行人、销售者请求人民法院明确各自的责任份额的，人民法院可以在判决发行人、销售者对金融消费者承担连带赔偿责任的同时，明确发行人、销售者在实际承担了赔偿责任后，有权向责任方追偿其应当承担的赔偿份额。

74.【依法分配举证责任】在案件审理中，金融消费者应当对购买产品或者接受服务、遭受的损失等事实承担举证责任。卖方机构对其是否履行了“将适当的产品（或者服务）销售（或者提供）给适合的金融消费者”义务承担举证责任。卖方机构不能提供其已经建立了金融产品（或者服务）的风险评估及相应管理制度、对金融消费者的风险认知、风险偏好和风险承受能力进行了测试、向金融消费者告知产品（或者服务）的收益和主要风险因素等相关证据的，应承担举证不能的法律后果。

75.【告知说明义务的衡量标准】告知说明义务是适当性义务的核心，是金融消费者能够真正了解产品或者服务的投资风险和收益的关键，应当根据产品的风险和金融消费者的实际状况，综合一般人能够理解的客观标准和金融消费者能够理解的主观标准来确定告知说明义务。卖方机构仅以金融消费者手写了诸如“本人明确知悉可能存在本金损失风险”等内容主张其已经尽了告知说明义务的，人民法院不予支持。

76.【损失赔偿数额的确定】卖方机构未尽适当性义务导致金融消费者损失的，应当以金融消费者为获取该金融产品服务而支付的金钱总额扣除已收回部分的剩余金额作为实际损失数额。金融消费者提出赔偿其支付金钱总额的利息损失请求的，应当注意区分不同情况进行处理：（1）如果金融产品的合同文本中载明了预期收益率的，可以将该预期收益率作为计算利息损失的标准；（2）合同文本以浮动区间的方式对预期收益率进行约定的，金融消费者请求按照预期收益率的上限作为利息损失计算标准，人民法院应当予以支持；（3）合同文本中虽然没有关于预期收益率的约定，但金融消费者能够提供证据证明产品发行的广告宣传资料中载明了预期收益率的，应当将宣传资料作为合同文本的组成部分；（4）合同文本及广告宣传资料中均未约定预期收益率的，按照中国人民银行发布的同期同类存款基准利率标准，确定损失赔偿的数额。

金融消费者因购买高风险权益类金融产品或者为参与高风险投资活动接受服务，以卖方机构存在欺诈行为为由，主张卖方机构应当根据《消费者权益保护法》第五十五条的规定承担惩罚性赔偿责任的，人民法院不予支持。

77.【免责事由】因金融消费者故意提供虚假信息导致其购买产品或者接受服务不适当的，卖方机构请求免除相应责任的，人民法院应予支持，但该虚假信息的出具系卖方机构误导的除外。卖方机构能够举证证明根据金融消费者的既往投资经验、受教育程度等事实，适当性义务的违反并未影响金融消费者的自主决定的，对其关于应由金融消费者自负投资风险的诉讼理由，应当予以支持。

六、关于证券纠纷案件的审理

（一）关于证券虚假陈述

会议认为，《最高人民法院关于审理证券市场因虚假陈述引发的民事赔偿案件的若干规定》施行以来，证券市场的发展出现了新的情况，对司法能力提出了更高的要求。在案件审理中，对于需要借助于其他学科领域的专业知识进行职业判断的问题，要充分发挥专家证人的作用，使得案件的事实认定符合证券市场的基本常识和普遍的经验法则，责任承担与侵权行为及其主观过错程度相匹配，在切实维护投资者合法权益的同时，通过民事责任追究实现震慑违法的功能，维护资本市场公开、公平、公正的市场秩序。

78.【共同管辖的案件移送】人民法院受理以发行人或者上市公司以外的虚假陈述行为人为被告提起的诉讼后，被告申请追加发行人或者上市公司为共同被告，人民法院在追加后，发现其他有管辖权的人民法院已先行受理因同一虚假陈述行为引发的民事赔偿案件的，应当按照民事诉讼法司法解释第三十六条的规定，将案件移送给先立案的人民法院。

79.【案件审理方式】在案件审理方式方面，要以《民事诉讼法》第五十四条规定的代表人诉讼制度为基础，积极探索符合中国国情的证券民事诉讼制度，逐步改变过去“一案一立、分别审理”的局面，实现案件审理的集约化和诉讼经济化。

80.【统一登记立案】多个投资人就同一虚假陈述行为向人民法院提起诉

讼的，人民法院在登记立案时可以根据原告起诉状中关于虚假陈述行为的数量、性质及其实施日、揭露日或更正日等时间节点的陈述，将投资人作为共同原告予以统一立案登记。原告主张被告实施了多个虚假陈述行为的，可以分别登记立案。

81.【示范判决和委托调解】对于不采用《民事诉讼法》第五十四条规定的方式审理的案件，可以选取在案件事实和法律适用方面具有典型性和代表性的案件，作出示范判决，采取先行判决典型案件，其余案件委托专业机构调解的工作方式，及时有效地解决争议。

82.【案件甄别及程序决定】人民法院决定采用《民事诉讼法》第五十四条规定的方式审理案件的，在发出公告前，应当先行就被告的行为是否构成虚假陈述行为、投资人的交易方向与诱多或者诱空的虚假陈述行为是否一致，以及虚假陈述行为的实施日、揭露日或者更正日等案件基本事实进行初步审查。

83.【选定代表人】权利登记的期间届满后，人民法院应当通知当事人在指定期间内完成诉讼代表人的推选工作。当事人推选不出代表人的，人民法院在提出或者指定人选时，应当确保代表行为能够充分、公正地表达投资人的诉讼主张。国务院证券监督管理机构成立的投资者保护机构以自己的名义提起诉讼，或者接受投资人的委托指派工作人员或委托诉讼代理人参与案件审理活动的，人民法院可以指定该机构作为代表人。

84.【揭露日和更正日的认定】虚假陈述的揭露和更正，是指虚假陈述行为被市场所知悉、了解，其精确程度并不要求达到全面、完整、准确的程度。原则上，只要交易市场对监管部门立案调查、权威媒体刊载的揭露文章等信息存在着明显的反应，对一方当事人主张市场已经知悉虚假陈述的诉讼理由，人民法院应予支持。

85.【注意区分重大性与信赖要件】审判实践中，部分法院对重大性要件和信赖要件存在着混淆认识，以行政处罚认定的信息披露违法行为对投资者的交易决定没有影响为由，否定了违法行为的重大性。这种认识应予纠正。重大性是指可能对投资者进行投资决策具有重要影响的信息，信赖要件强调的是虚假陈述行为与投资者交易决定之间的关系。在民事案件的审理中，对于一方当事人提出的监管部门作出处罚决定的行为不具有重大性的抗辩理由，人民法院不予支持。

(二) 关于场外配资

会议认为，将证券市场的信用交易纳入国家统一监管的范围，是维护金融市场透明度和金融稳定的重要内容。不受监管的场外配资业务，不仅盲目扩张了资本市场信用交易的规模，也容易冲击资本市场的交易秩序。融资融券作为证券市场的主要交易方式和证券公司的核心业务，依法属国家特许经营的金融业务，未经依法核准，任何单位和个人不得非法经营配资业务。

86.【场外配资合同的效力】除依法取得融资融券资格的证券公司与客户开展的融资融券业务外，对其他任何单位或者个人与投资者签订的场外配资合同，人民法院应当根据《证券法》第一百四十二条、《最高人民法院关于适用〈中华人民共和国合同法〉若干问题的解释（一）》第十条的规定，认定为无效合同。

87.【融资融券合同的无效】具有开展融资融券业务资质的证券公司违反国务院证券监督管理机构关于投资者适当性管理的规定，向不符合条件的投资者提供融资融券服务的，人民法院应当根据《合同法》第五十二条第四项的规定，认定融资融券合同无效。

88.【合同无效的责任承担】场外配资合同被确认无效后，配资方依场外配资合同的约定，请求投资者向其支付约定的利息和费用的，人民法院不予支持。配资方请求按照中国人民银行确定的同期同类贷款基准利率赔偿利息损失的，人民法院可以支持。

配资方依场外配资合同的约定，请求分享投资者因使用配资所产生的收益的，人民法院不予支持。

投资者以其因使用配资导致投资损失请求配资方予以赔偿的，人民法院不予支持。投资者能够证明配资合同是因配资方招揽、劝诱而签订，请求配资方赔偿其全部或部分损失的，人民法院应当根据配资方招揽、劝诱行为的方式、对投资者的实际影响、投资者自身的投资经历、风险判断和承受能力等因素，判令配资方承担与其过错相适应的赔偿责任。

七、关于营业信托纠纷案件的审理

会议认为，从审判实践看，营业信托纠纷主要表现为事务管理信托纠纷和主动管理信托纠纷两种类型。在事务管理信托纠纷案件中，对信托公司开展和参与的多层嵌套、通道业务、回购承诺等融资活动，要以其实际构成的法律关系确定其效力，并在此基础上依法确定各方的权利义务。在主动管理信托纠纷案件中，应当重点审查受托人在“受人之托，代人理财”的财产管理过程中，是否恪尽职守，履行了谨慎、有效管理等法定或约定义务。

89.【回购业务的性质】信托公司在资金信托成立后，以募集的信托资金受让股权、股票、债券、票据、债权、不动产、在建工程等特定资产或特定资产收益权，以及信托计划、资产管理计划受益权份额，由出让方或者其指定的第三方在一定期间后以交易本金加上溢价款等固定价款回购的，属于信托公司在资金依法募集后的资金运用行为。由此引发的纠纷不应认定为营业信托纠纷，而应当认定为信托公司与出让方之间的金融借款合同纠纷。

90.【优先级与劣后级受益人之间的法律关系认定】信托文件将受益人区分为优先级受益人和劣后级受益人等不同类别，约定由优先级受益人以资金认购信托计划份额或者股权、股票、债券、票据、债权、不动产、在建工程等特定资产或特定资产收益权，或者其他信托计划、资产管理计划受益权份额，劣后级受益人负有在信托到期后向优先级受益人返还本金并支付固定收益等义务，对信托财产享有扣除相关税费、优先级受益人本金和预期收益之后的其余部分的财产利益等权利的，优先级受益人与劣后级受益人之间的关系一般可以认定为借款合同关系，劣后级受益人为债务人，优先级受益人为债权人。优先级受益人认购的特定资产、特定资产收益权、或者其他信托计划、资产管理计划受益权份额是否办理了过户登记手续，不影响双方之间法律关系的认定。

91.【增信文件的性质认定】当事人提供第三方差额补足、到期回购、流动性支持等类似承诺文件作为增信措施，其内容符合《担保法》第十七条、十八条规定的，人民法院应当认定当事人之间成立保证合同法律关系，并根据《担保法》和担保法司法解释的相关规定，确定当事人的责任承担。不符合《担保法》第十七条、十八条规定的，依当事人合同约定的内容确定相应的责任承担。

92.【保底和刚兑承诺无效】信托公司、商业银行等金融机构为受益人提供含有保证本息固定回报、保证本金不受损失等保底承诺的，人民法院应当认定保底承诺无效，并根据担保法司法解释第七条、第八条、第九条规定的内容，确定当事人应当承担的法律责任。

93.【通道业务的效力认定和责任承担】当事人在信托文件中约定，委托人自主决定信托设立、信托财产运用对象、信托财产管理运用处分方式等事宜，自行承担信托风险，受托人仅提供必要的事务协助或服务，不承担信托财产管理职责的，应当认定为事务类信托或通道业务。《关于规范金融机构资产管理业务的指导意见》第二十二条在规定“金融机构不得为其他金融机构的资产管理产品提供规避投资范围、杠杆约束等监管要求的通道服务”的同时，也明确按照“新老划断”原则，将过渡期设置为截止2020年底，确保平稳过渡。在过渡期内，对通道业务中存在的利用信托通道掩盖风险实质，规避资金投向、资产分类、拨备计提和资本占用等监管规定，或者通过信托通道将表内资产虚假出表等信托业务，如果不存在其他违反法律、行政法规强制性规定的情形，对一方当事人主张信托目的违法违规，应确认无效的诉讼理由，人民法院不予支持。对委托人和受托人之间的责任划分，应当依据信托文件的约定加以处理。

94.【信托中受托人的举证责任】资产管理产品的委托人以受托人未履行勤勉尽责、公平对待客户等义务损害其合法权益，受托人不能举证证明其已经履行了法定或约定的受托人义务的，对委托人要求受托人应当承担相应赔偿责任的诉讼请求，人民法院应予支持。

95.【信托财产的诉讼保全】信托财产的独立性是现代信托制度的灵魂和核心，信托财产在信托存续期间独立于委托人、受托人、受益人各自的固有财产。当事人因其与委托人、受托人或受益人之间的纠纷申请对存管银行或信托公司专门账户中的信托资金采取保全措施的，人民法院不应准许。已经采取保全措施的，存管银行或者信托公司能够提供证据证明该账户为信托账户的，应当立即解除保全措施。对信托公司持有的其他信托财产的保全，也应当根据前述规定的原则办理。当事人申请对受益人的受益权采取保全措施的，人民法院应当根据《信托法》第四十七条关于“受益人不能清偿到期债务的，其信托受益权可以用于清偿债务，但法律、行政法规以及信托文件有限制性规定的除外”的规定进行审查，决定采取保全措施的，应当将保全裁定送达受托人和受益人。

八、关于财产保险合同纠纷案件的审理

会议认为，妥善审理财产保险合同纠纷案件，对于充分发挥保险的风险管

理和保障功能，依法保护各方当事人合法权益，实现保险业持续健康发展和服务实体经济，具有重大意义。

96. 【未依约支付保险费的处理】当事人在财产保险合同中约定以投保人支付保险费作为合同生效条件，投保人已支付了部分保险费的，应当认定合同已生效。发生保险事故后，保险人主张按已交保险费与应交保险费的比例承担保险责任的，人民法院应予支持。

财产保险合同未约定以投保人交付保险费作为合同生效条件，而投保人未按约定交付保险费，保险人以保险目的无法实现为由依法主张解除合同的，人民法院应予支持。在保险合同解除前发生保险事故的，由于此时仍存在有效的保险合同，保险人不应仅以投保人拖欠保险费为由主张免除保险责任，但应允许保险人在应向被保险人支付的保险金中扣减投保人欠交的保险费。

97. 【仲裁协议的效力】被保险人和第三者在保险事故发生前达成的仲裁协议，对行使保险代位求偿权的保险人是否具有约束力，实务中存在争议。保险代位求偿权是一种法定债权转让，保险人在向被保险人赔偿保险金后，有权行使被保险人对第三者请求赔偿的权利。被保险人和第三者在保险事故发生前达成的仲裁协议，对保险人具有约束力，但投保人和保险人另有约定或者法律另有规定的除外。

98. 【直接索赔的诉讼时效】商业责任保险的被保险人给第三者造成损害，被保险人对第三者应负的赔偿责任确定后，保险人应当根据被保险人的请求，直接向第三者赔偿保险金。被保险人怠于提出请求的，第三者有权依据《保险法》第六十五条第二款之规定，就其应获赔偿部分直接向保险人请求赔偿保险金。保险人拒绝赔偿的，第三者请求保险人直接赔偿保险金的诉讼时效期间的起算时间如何认定，实务中存在争议。根据诉讼时效制度的基本原理，第三者请求保险人直接赔偿保险金的诉讼时效期间，自其知道或者应当知道向保险人的保险金赔偿请求权行使条件成就之日起计算。

九、关于票据纠纷案件的审理

会议认为，人民法院在审理票据纠纷案件时，应当注意区分票据的种类和功能，正确理解票据行为无因性的立法目的，在维护票据流通性功能的同时，依法认定票据行为的效力、当事人之间的权利义务关系和合法持票人，以防范和化解票据融资市场风险，维护票据市场的交易安全。

99.【贴现行恶意、重大过失的认定】贴现行工作人员按照法律、行政法规、业务规章以及业务规则的要求尽到合理审核义务并支付了贴现款取得票据，当事人一方以贴现行具有重大过失为由请求确认贴现行不是合法票据权利人、不享有票据权利的，人民法院不予支持。在办理商业承兑汇票贴现业务过程中，贴现行的负责人或者有权从事该业务的工作人员与贴现申请人合谋，伪造贴现申请人与其前手之间具有真实的商品交易关系的合同、增值税发票等材料申请贴现的，人民法院应当认定贴现行恶意取得票据，不享有票据权利。

100.【民间贴现行为的效力】票据贴现业务属于特许经营业务，只有具有法定贴现资质的金融机构才可以从事票据贴现行为。关于合法持票人基于融通资金需要，向不具有法定贴现资质的主体进行“贴现”行为的效力认定，应从该贴现行为是否违反法律或行政法规的效力性强制性规定、是否损害社会公共利益、贴现主体是否以贴现为业以及争议发生的环节和主体等方面进行类型化分析，综合考量，区别认定。应注意依法防范和处理“民间贴现”形成的金融风险。根据票据行为无因性原则，在合法持票人向不具有贴现资质的主体进行“贴现”，该“贴现”人给付贴现款后直接将票据交付其后手，其后手支付对价并记载自己为被背书人后、又基于真实的交易关系或债权债务关系将票据进行背书转让的情形下，可认定最后持票人是合法持票人。

101.【转贴现协议案由及责任】转贴现行提示付款被拒付后，依据《转贴现协议》的约定，请求未在票据上背书的转贴现申请人按照合同法律关系返还转贴现款并赔偿损失的，案由应为合同纠纷。转贴现合同法律关系有效成立的，对于原告的诉讼请求，人民法院应予支持。当事人虚构转贴现事实，当事人之间不存在转贴现合同法律关系的，人民法院应向当事人释明按照真实交易关系提出诉讼请求，并按照真实交易关系和当事人约定本意认定当事人的责任。

102.【恶意申请公示催告的权利救济】公示催告程序本为对合法持票人进行失票救济的法律制度，但实践中却成为票据出卖方在未获得票款情形下，通过伪报票据丧失事实申请公示催告、阻止合法持票人行使票据权利的工具。民事诉讼法司法解释已规定了相关制度进行救济。在审判实务中，还需注意以下问题：

第一，除权判决作出后，付款人尚未付款情形下的权利救济。除权判决作出并公告，票据被除权，合法持票人无法持有票据行使票据权利。对最后合法持票人而言，因申请人伪报票据丧失事实属于《民事诉讼法》第二百二十三条规定的正当理由，故在申请人尚未持除权判决请求付款人付款的情形下，最后合法持票人可以根据该条规定，在法定期限内请求撤销除权判决并行使票据追索权。此外，因票据被除权无法行使票据权利，最后合法持票人也可以基于基础法律关系向其直接前手退票并请求其直接前手另行给付基础法律关系项下的对价。

第二，除权判决作出后，付款人已付款情形下的权利救济。因恶意申请公示催告并持除权判决获得票款行为损害了最后合法持票人的权利，构成侵权，最后合法持票人据此请求申请人承担赔偿责任的，人民法院应予支持。

十、关于破产纠纷案件的审理

会议认为，审理好破产案件对于推动高质量发展、深化供给侧结构性改革、营造稳定公平透明可预期的营商环境，具有十分重要的意义。要继续深入推进破产审判工作的市场化、法治化、专业化、信息化，充分发挥破产审判公平清理债权债务、优化资源配置、维护市场经济秩序等重要功能。一方面通过破产清算程序加快推进不符合国家产业政策、丧失经营价值的企业和落后产能尽快从市场退出，另一方面通过重整程序、和解程序拯救陷入财务困境但仍具有挽救价值和再生希望的企业。同时要注重提升破产制度实施的经济效益，降低破产程序运行的时间和成本，鼓励债务人企业持续经营，有效维护企业营运价值，减少企业破产给社会经济造成的损害。

103. 【继续推动破产案件的及时受理】充分发挥破产重整案件信息网的线上预约登记功能，当事人提出破产申请的，人民法院不得以影响社会稳定等为由拒绝接收破产申请材料。破产申请材料不完备的，立案部门应当告知当事人在指定期限内补充材料，待材料齐备后以“破申”作为案件类型代字编制案号登记立案，并及时将案件移送破产审判部门进行破产审查。

104. 【破产申请的不予受理和撤回】人民法院裁定受理破产申请前，债务人对提出破产申请的债权人履行完全部清偿义务的，因申请人不再具备申请资格，人民法院应当裁定不予受理。但该裁定不影响其他符合条件的主体再次提出破产申请。

人民法院裁定受理破产申请系对债务人具有破产原因的初步认可，破产申请受理后，申请人请求撤回破产申请的，人民法院不予准许。除非存在《企业破产法》第十二条第二款规定的情形，人民法院不得裁定驳回破产申请。

105.【受理后债务人财产的保全】要切实落实破产案件受理后相关保全措施应予解除、相关执行措施应当中止、债务人财产应当及时交付管理人等规定，充分运用信息化技术手段，通过信息共享与整合，维护债务人财产的完整性。执行法院在收到破产受理裁定后，拒不解除保全措施或中止执行的，破产受理法院可以请求执行法院的上级法院依法予以纠正。对债务人财产采取保全措施和执行措施的法院未依法及时解除保全措施、移交处置权，或者中止执行程序并移交有关财产的，上级法院应当依法予以纠正。相关人员违反上述规定造成严重后果的，破产受理法院可以向法院纪检监察部门移送其违法审判责任线索。

法院审理企业破产案件时，有关债务人财产被其他具有强制执行权力的国家行政机关，包括税务机关、公安机关、海关等采取保全措施或者执行程序的，法院应当积极与上述机关进行协调和沟通，取得有关权力机关的配合，参照上述具体操作规程，解除有关保全措施，中止有关执行程序，以便保障破产程序顺利进行。

106.【破产受理后有关债务人诉讼的处理】人民法院受理破产申请后，已经开始而尚未终结的有关债务人的民事诉讼，在管理人接管债务人财产后继续进行。人民法院告知债权人可以撤回诉请并通过申报债权主张权利后，债权人坚持继续诉讼的，人民法院应当继续审理并径行作出裁决。人民法院不得仅以债权人的诉请为给付之诉裁定驳回，但是人民法院在判定相关当事人实体权利义务时，应当注意与《企业破产法》及其司法解释的规定相协调。

上述裁决作出并生效前，债权人可以同时向管理人申报债权，但其作为债权尚未确定的债权人，除人民法院能够为其行使表决权而临时确定债权额的外，不得行使表决权。上述裁决生效后，债权人应当根据裁决中认定的债权数额在破产程序中依法统一受偿，且其对债务人享有的债权利息应按照《企业破产法》第四十六条第二款的规定停止计算。

人民法院受理破产申请后，债权人新提起的要求债务人清偿的民事诉讼，人民法院不予受理。

107.【债务人自行管理的条件】重整期间，债务人符合下列条件的，经申请，人民法院应当批准债务人在管理人的监督下自行管理财产和营业事务：（一）债务人的内部治理机制仍正常运转；（二）债务人自行管理有利于债务人继续经营；（三）债务人不存在隐匿、转移财产或者不配合清算的行为；（四）债务人不存在其他严重损害债权人利益的行为。债务人提出重整申请时可以一并提出自行管理的申请。经人民法院批准由债务人自行管理财产和营业事务的，《企业破产法》规定的管理人职权中有关财产管理和营业经营的职权应当由债务人行使。

管理人应当对债务人的自行管理行为进行监督。管理人发现债务人存在严重损害债权人利益的行为或者有其他不适宜自行管理情形的，可以申请人民法院作出终止债务人自行管理的决定。人民法院决定终止的，应当通知管理人接管债务人财产和营业事务。债务人有上述行为而管理人未申请人民法院作出终止决定的，债权人等利害关系人可以向人民法院提出申请。

108.【重整中担保物权的恢复行使】重整程序中，要依法平衡保护担保权人的合法权益和企业重整价值。重整申请受理后，管理人或者自行管理的债务人应当及时确定设定有担保权的债务人财产是否为重整所必需。如果认为担保物不是重整所必需的，管理人或者自行管理的债务人应当及时对担保物进行拍卖或者变卖，拍卖或者变卖担保物所得价款在支付拍卖、变卖费用后优先清偿担保权人的债权。

在担保权暂停行使期间，担保权人根据《企业破产法》第七十五条的规定向人民法院请求恢复行使担保权的，人民法院应当自收到恢复行使担保权申请之日起三十日内作出裁定。管理人或者自行管理的债务人有证据证明担保物是重整所必需，并且提供与减少价值相应担保或补偿的，人民法院应当裁定不予批准恢复行使担保权。担保权人不服该裁定的，可以自收到裁定书之日起十日内，向作出裁定的人民法院申请复议。人民法院裁定批准行使担保权的，管理人或者自行管理的债务人应当自收到裁定书之日起十五日内对担保物进行拍卖或者变卖，拍卖或者变卖担保物所得价款在支付拍卖、变卖费用后优先清偿担保权人的债权。

109.【重整计划执行期间的管理人报酬及诉讼管辖】要依法确保重整计

划的执行和有效监督。重整计划的执行期间和监督期间原则上应当一致，二者不一致的，人民法院在确定和调整重整程序中的管理人报酬方案时，应当根据重整期间和重整计划执行期间管理人工作量的不同予以区别。重整期间的管理人报酬应当根据管理人对重整的实际贡献等予以确定和支付。重整计划执行期间管理人报酬的支付比例和支付时间，应当根据管理人监督职责的履行情况，与债权人按照重整计划实际受偿比例和受偿时间相匹配。

重整计划执行期间，因重整程序终止后新发生的事实或事件引发的有关债务人的民事诉讼，不适用《企业破产法》第二十一条有关集中管辖的规定。除重整计划有明确约定外，上述纠纷引发的诉讼，不再由管理人代表债务人进行。

110.【重整程序与破产清算程序的衔接】重整期间或者重整计划执行期间，债务人因法定事由被宣告破产的，人民法院不再另立新的案号，原重整程序的管理人原则上应当继续履行破产清算程序中的职责。原重整程序的管理人不能继续履行职责或者不适宜继续担任管理人的，人民法院应当依法重新指定管理人。

重整程序转破产清算案件中的管理人报酬，应当综合管理人为重整工作和清算工作分别作出的实际贡献等因素合理确定。重整期间因法定事由转入破产清算程序的，应当按照破产清算案件确定管理人报酬。重整计划执行期间因法定事由转入破产清算程序的，后续破产清算阶段的管理人报酬应当根据管理人实际工作量予以确定，不能简单根据债务人最终清偿的财产价值总额计算。

重整程序因法院裁定批准重整计划草案而终止的，重整案件并不因此结束，但人民法院审判管理部门可以对此类案件确定合理的考核标准。重整计划执行完毕后，人民法院可以根据管理人等利害关系人申请，作出重整程序终结的裁定。

111.【庭外重组协议效力在重整程序中的延申】继续完善庭外重组与庭内重整的衔接机制，降低制度性成本，提高破产制度效率。人民法院受理重整申请前，债务人和部分债权人已经达成的有关协议与重整程序中制作的重整计划草案内容一致的，有关债权人对该协议的同意视为对该重整计划草案表决同意。但重整计划草案对协议内容进行了修改并对有关债权人有不利影响，或者与有关债权人重大利益相关的，受到影响的债权人有权按照《企业破产法》

的规定对重整计划草案重新进行表决。

112.【完善破产案件快速审理机制】在不损害利害关系人实体权利与程序权利的前提下，人民法院可以综合考虑债务人资产总额和负债总额、债权人人数、债权债务关系以及债务人财产数量和集中程度等因素，明确适用快速审理机制的破产案件标准，通过依法设定最低债权申报期限、案件审理时限，并通过信息化手段送达文书和召开债权人会议等方式，缩短审理时间，提升破产案件审判效率。适用快速审理机制的破产案件，人民法院和管理人可以采用传真、电子邮件等能够确认当事人收悉的方式送达法律文书，但裁定书除外。

113.【进一步规范破产财产的处置】积极探索促进企业整体转让的制度机制，进一步提升破产财产处置的市场化、公开化、信息化程度，有效降低破产财产处置费用，提高破产财产处置效率。人民法院应当依法规范和监督管理人委托审计、评估等财产管理工作。管理人聘请中介机构或人员对企业财产进行审计、评估的，管理人应对其聘请机构或人员的相关行为进行监督。上述人员因不当履行职责给债务人、债权人或者第三人造成损害的，应当承担赔偿责任。管理人在聘用过程中存在过错的，应在其过错范围内承担相应的补充赔偿责任。

114.【公司解散清算与破产清算的衔接】要依法区分公司解散清算与破产清算的不同功能和不同适用条件。债务人同时符合破产清算条件和强制清算条件的，应当及时适用破产清算程序实现对债权人利益的公平保护。债权人对符合破产清算条件的债务人提起公司强制清算申请的，经人民法院释明，债权人仍然坚持申请对债务人强制清算的，人民法院应当裁定不予受理。

115.【无法清算案件的审理与责任承担】人民法院在审理债务人相关人员下落不明或者财产状况不清的破产案件时，应当充分贯彻债权人利益保障原则，避免债务人通过破产程序不当损害债权人利益，同时也要避免不当突破股东有限责任原则。

人民法院在适用《最高人民法院关于债权人对人员下落不明或者财产状况不清的债务人申请破产清算案件如何处理的批复》第三款的规定判定债务人有关人员承担责任时，应当依法界定有关主体的义务内容和责任范围，不得简单根据公司法司法解释（二）第十八条的规定判定有关主体责任。

上述批复第三款规定的“债务人的有关人员不履行法定义务，人民法院可依据有关法律规定追究其相应法律责任”，系指债务人的法定代表人、财务管理人员和其他经营管理人员不履行《企业破产法》第十五条规定的配合清算义务，人民法院可以根据《企业破产法》第一百二十六条、第一百二十七条追究其相应法律责任，或者参照《民事诉讼法》第一百一十一条的规定，依法对其予以拘留，构成犯罪的，依法追究刑事责任；债务人的法定代表人或实际控制人不配合清算的，人民法院还可以依据《出入境管理法》第十二条的规定，对其作出不准出境的决定，以确保破产程序顺利进行。

上述批复第三款规定的“其行为导致无法清算或者造成损失”，系指债务人有关人员的前述行为导致债务人财产状况不明，或者债务人负有清算义务的人未依照《企业破产法》第七条第三款的规定及时履行破产申请义务导致债务人主要财产、账册、重要文件等灭失，致使管理人无法执行清算职务，给债权人利益造成损害。该款规定的有权起诉请求承担相应民事责任的“有关权利人”首先是指管理人，即管理人请求负有过错的主体承担相应损害赔偿责任并将因此获得的赔偿归入债务人财产的，人民法院应予支持；管理人未主张上述赔偿，个别债权人也可以代表全体债权人提起相关诉讼，获得的赔偿归入债务人财产。个别债权人为此支出的诉讼费用，可以作为破产费用清偿。

上述破产清算案件被裁定终结后，相关主体以债务人主要财产、账册、重要文件等重新出现为由，申请对破产清算程序启动审判监督的，人民法院不予受理。符合《企业破产法》第一百二十三条规定的，债权人可以请求人民法院追加分配。

十一、关于案外人执行异议之诉和第三人撤销之诉纠纷案件的审理

会议认为，近年来，案外人执行异议之诉案件数量增长较快，审理难度较大。审理这类案件时，主要涉及到如何正确理解《最高人民法院关于人民法院办理执行异议和复议案件若干问题的规定》（以下简称《执行异议复议规定》）第二十六条、第二十八条、第二十九条，并在裁判时如何参照适用的问题。金钱债权执行中，申请执行人对被执行人名下的房产或者股权申请执行，实际出资人提出的阻却执行的异议请求能否得到支持，也是亟待需要统一裁判尺度的问题。对于第三人撤销之诉，审判实践中的主要问题是，对于债权受到侵害，第三人能否提起撤销之诉。

116.【案外人依据另案生效法律文书提起执行异议之诉的处理】人民法院审理案外人依据另案生效法律文书提起执行异议之诉的案件时，可以参照适用《执行异议复议规定》第二十六条第一款和第二款的规定。

117.【案外人系无过错不动产买受人的处理】《执行异议复议规定》第二十八条第（4）项规定的“买受人自身原因”，主要是指不动产已经办理了抵押登记、因购房政策限制不能办理过户登记和买受人故意不办理过户登记三种情形。人民法院审理案外人系无过错不动产买受人执行异议之诉案件时，对买受人提出的阻却执行的诉讼请求，符合《执行异议复议规定》）第二十八条规定的四个条件的，参照上述规定，应予支持。

118.【案外人系房屋消费者的处理】人民法院审理案外人系房屋消费者执行异议之诉案件，参照适用《执行异议复议规定》第二十九条第（二）项规定的“买受人名下无其他用于居住的房屋”时，可以理解为买受人名下在设区的市和县级行政区（不包括设区的市的“区”）无其他用于居住的房屋。买受人名下有1套面积不大的房屋，后来又买了1套涉案房屋，符合上述规定第（一）项和第（三）项条件，如果查明买受人家人较多，确为适当改善居住条件，也应支持买受人阻却执行的请求。既然是参照，当然可以根据案件的具体情况从利益平衡角度进行审理。《执行异议复议规定》第二十九条的法律依据是《最高人民法院关于建设工程价款优先受偿权问题的批复》（法释［2002］16号）。根据该批复，“交付全部或者大部分购房款的消费者对该房屋享有的权利”优于“对该房屋享有的建设工程价款优先受偿权”，后者又优于“对该房屋享有的抵押权”。因此，审理这类案件，符合《执行异议复议规定》第二十九条规定的三个条件的，房屋消费者提起阻却执行的请求，应予支持。

119.【案外人系实际出资人的处理】在金钱债权执行过程中，人民法院针对登记在被执行人名下的房产或者有限责任公司的股权等实施强制执行，案外人有证据证明其系实际出资人，与被执行人存在借名买房、隐名持股等关系，请求阻却执行的，人民法院应予支持。

另一种观点：不予支持。

120.【第三人的债权受到损害是否可以提起撤销之诉】审判实践中，对于债权受到侵害，第三人是否一律不得提起撤销之诉，认识不一。鉴于设立第三人撤销之诉的目的是，救济第三人享有的因不能归责于本人的事由未参加诉讼但因生效裁判文书内容错误遭受损害的民事权益，因此，下列债权一旦经生效裁判文书确认，第三人可以提起撤销之诉：1. 法律明确给予特殊保护的债权，如《合同法》第二百八十六条规定的建设工程价款优先权，《海商法》第二十二条规定的船舶优先权；2. 法律规定可以行使撤销权的债权，如《合同法》第七十四条规定的债权，《企业破产法》第三十一条、第三十二条规定的债权；3. 第三人有证据证明内容部分或者全部虚假的债权。当然，第三人提起撤销之诉还要符合法律和司法解释规定的其他条件。对于除此之外的其他债权，为维护生效裁判的稳定性和权威性，第三人原则上不得提起撤销之诉。

十二、关于民刑交叉纠纷的处理

会议认为，近年来，在金融借款和民间借贷、P2P 等融资活动中，涉嫌诈骗、合同诈骗、票据诈骗、集资诈骗、非法吸收公众存款等犯罪的民商事案件的数量有所增加，出现了一些新情况和新问题。在案件审理中，应当依照《最高人民法院关于在审理经济纠纷案件中涉及经济犯罪嫌疑若干问题的规定》《最高人民法院关于审理非法集资刑事案件具体应用法律若干问题的解释》《最高人民法院、最高人民检察院、公安部关于办理非法集资刑事案件适用法律若干问题的意见》以及《最高人民法院关于审理民间借贷案件适用法律若干问题的规定》的相关规定，处理好民刑案件之间的程序衔接、民事法律行为效力认定、民事赔偿责任范围等问题，依法审理好相关民商事案件，保护当事人的合法权利。

121. 【分别审理】同一当事人因不同事实分别发生民商事纠纷和涉及刑事犯罪，或者涉及刑事犯罪的事实与民商事案件虽有关联但不是同一事实的，民商事案件与刑事案件应当分别审理。有下列情形之一的，应当分别审理：（1）主合同的债务人涉及刑事犯罪或者生效裁判认定其构成犯罪，债权人请求担保人承担民事责任的；（2）以法人、非法人组织或者他人名义订立合同的行为涉及刑事犯罪或者刑事裁判认定行为人构成犯罪，合同相对人请求该法人、非法人组织或者他人承受合同后果的；（3）法人或者非法人组织的法定代表人、负责人或者其他工作人员的职务行为涉及刑事犯罪或者刑事裁判认定其构成犯罪，受害人请求该法人或者非法人组织承担民事责任的；（4）侵权行为人涉及刑事犯罪或者刑事裁判认定行为人构成犯罪，被保险人、受益人或者其他赔偿权利人请求保险人支付保险金的；（5）受害人（当事人）请求涉及刑事犯罪的行为人之外的其他主体承担民事责任的。

122.【涉众型经济犯罪与民商事案件的程序处理】对于涉嫌集资诈骗、非法吸收公众存款等涉众型经济犯罪，由人民法院通过单个地审理民商事案件的方式化解矛盾，效果肯定不好。对于正在侦查、起诉、审理的涉众型经济犯罪案件，当事人就同一事实向人民法院提起民事诉讼的，人民法院应当裁定不予受理，并将有关材料移送侦查机关、检察机关或者正在审理该刑事案件的人民法院。正在审理的民商事案件，发现有涉众型经济犯罪线索的，应当及时将犯罪线索和有关材料移送侦查机关。侦查机关作出立案决定前，人民法院应当中止审理；作出立案决定后，应当裁定驳回起诉；侦查机关未及时立案的，必要时可以将案件报请党委政法委请求协调处理。

十三、附则

123.【附则】本纪要发布后受理的案件以及尚未审结的一审、二审案件，在本院认为部分具体分析法律适用的理由时，按照本纪要精神处理。

本纪要发布前已经终审、发布后当事人申请再审或者按照审判监督程序决定再审的案件，不得按照本纪要精神处理。

《最新法律文件解读》丛书
稿　约

《最新法律文件解读》是一套以为最新法律规范提供同步“解读”为主的系列丛书，分为刑事、民事、商事、行政与执行 4 个分册，按月出版。

本丛书以“解读”为重点，突出全、专、新、快、准等特点，通过对最新出台的法律、法规、司法解释、部门规章以及重要地方性法规进行同步动态解读，弥补了法律、法规、司法解释汇编类出版物没有同步阐释、解读内容的不足，为广大读者学习理解最新法律规范，正确贯彻执行法律文件，及时解决实践中的新情况、新问题，提供一个全方位、多层面的法律信息平台。

欢迎您向以下栏目赐稿：

【最新法律文件解读】主要是对最新颁行的法律文件进行解读，帮助司法和执法人员正确理解法律文件的立法背景、意义、重点内容、在适用中应注意的问题、与相关法律文件的衔接与互动关系等等。

【司法实务问题研究】主要刊登对司法理论、实务及司法管理工作中的热点、疑难问题进行研究及评论的文章。

【新类型疑难案例选评】主要是对司法和行政执法实践中具有典型性和代表性的疑难案例，结合具体案情以及审理或处理结果进行简练精辟的点评，解析认识问题的方法、处理问题的法律依据和在个案中的具体适用。

【法学前沿与新视点】以摘要的形式刊登相关法学理论研究的最新动态及具有代表性和典型性的前沿问题，扩展法学研究的深度和广度。

【法律适用问题解答】主要针对司法和行政执法实践中面临的新问题、热点问题、疑难问题进行简要的解答，指出涉及的法律关系，明确法律适用依据。

稿件一经刊用，即付稿酬，稿酬从优。

《刑事法律文件解读》　姜　峤　邮箱：bj85250573@126.com

《民事法律文件解读》　丁丽娜　邮箱：dlnlaw@163.com

《商事法律文件解读》　路建华　邮箱：shangshijiedu@126.com

《行政与执行法律文件解读》　张　奎　邮箱：271717306@qq.com

人民法院出版社

《最新法律文件解读》丛书编辑部